GILBERTO PAIVA

APARECIDA
300 ANOS

EDITORA
SANTUÁRIO

Direção editorial:
Pe. Fábio Evaristo R. Silva, C.Ss.R.

Conselho editorial:
Pe. Ferdinando Mancilio, C.Ss.R.
Pe. Marlos Aurélio, C.Ss.R.
Pe. Mauro Vilela, C.Ss.R.
Pe. Victor Hugo Lapenta, C.Ss.R.
Avelino Grassi

Coordenação editorial:
Ana Lúcia de Castro Leite

Revisão:
Luana Galvão

Diagramação e capa:
Bruno Olivoto

Pesquisa iconográfica:
Daniel Siqueira

Fotos da capa:
Thiago Leon

Dados Internacionais de Catalogação na Publicação (CIP)
(Câmara Brasileira do Livro, SP, Brasil)

Paiva, Gilberto
Aparecida: 300 anos/Gilberto Paiva. – Aparecida, SP: Editora Santuário, 2017.

ISBN 978-85-369-0489-4

1. Nossa Senhora Aparecida – História 2. Santas cristãs – Biografia 3. Santuário de Nossa Senhora Aparecida – História I. Título.

17-02761 CDD-232.9

Índices para catálogo sistemático:
1. Nossa Senhora Aparecida: Culto: História:
Religião 232.91

2ª impressão

Rua Pe. Claro Monteiro, 342 – 12570-000 – Aparecida-SP
Tel.: 12 3104-2000 – Televendas: 0800 - 16 00 04
www.editorasantuario.com.br
vendas@editorasantuario.com.br

Agradecimento

Em 1979, Padre Agostinho Frasson levou a Imagem peregrina de Nossa Senhora Aparecida a Campo Belo (MG), onde eu morava.

Em 1980, eu me fiz romeiro, indo até a cidade de Aparecida (SP), e rezei aos pés da Imagem de Nossa Senhora da Conceição Aparecida.

No Santuário Nacional, fui recebido pelo Padre Edgar Ferrari (*in memoriam*).

Agradeço a Deus minha vocação sacerdotal, tornando-me redentorista por intermédio de Nossa Senhora Aparecida e dos Padres Frasson e Ferrari.

Dedicatória

Dedico aos devotos de Nossa Senhora Aparecida:
Isaltino Sampaio e Noemi Aparecida, de Piracicaba (SP);
Dinésio Rocha e Míriam Schmaltz, de Goiânia (GO);
Edson Bertelli e Aurineide Martins, de Vitória (ES);
Genésio e Lia, de Inconfidentes (MG);
José Lasmar e Maria José, de Coqueiral (MG);
José Faria e Ana Regina, de Santa Rita do Sapucaí (MG);
Giovanni Moreira e Adriana Couto, de Campo Belo (MG);
Neusa Azevedo, de São João da Boa Vista (SP);
Dona Senhorinha, de Cristais (MG);
Dona Tininha, de Jaraguá (GO).
Ao João Antônio, meu afilhado, devoto da "Dade",
a Nossa Senhora Aparecida.

Nossa devoção mariana deve ir até o cerne do cristianismo, até o *fiat* total em espírito de amor e de sacrifício. A vida só tem valor quando o damos a ela. Viver é amar, e amar é dar-se no mais completo esquecimento de si mesmo. Nossos sofrimentos tornam-se então uma parcela da morte redentora de Cristo, uma parcela que depositamos, como no Gólgota, nos braços de Maria. Ela toma em seu coração, ao lado de Cristo, nosso pobre ser humano e todos os sofrimentos amontoados. [...]

Em nossa vida, Maria é o coração que se dá. O coração que compreende nossas necessidades e que maternalmente as expõe ao Filho, o Deus, que continua sendo seu Filho. Ela pode dizer-lhe como em Caná: "Eles não têm mais vinho". Ah, se pudéssemos ouvir as conversas de Jesus e Maria a nosso respeito, veríamos como estão sempre a par das necessidades. Tudo como em Caná. O "eles não têm mais vinho" seria "falta-lhes dinheiro", "estão na pior das misérias", "seu pai está doente, e a mãe tem oito crianças para cuidar", "eles desejam se conformar com as leis do matrimônio, mas...", "mamãe partiu para uma longa viagem, diz o papai para os filhinhos, e papai não sabe se ela voltará..."

Não esqueçamos que a vida terrena atual, de que se ocupam a gloriosa Mãe e o Filho glorificado, só será verdadeiramente abençoada se a relacionarmos com as palavras de Maria aos empregados de Caná: "Fazei tudo o que meu Filho vos disser". Degustai então do que ela vos der em nome do divino Filho e dizei como os convidados de Caná: "Guardaram o melhor vinho para o fim!"

(Eduard Schillebeecky, *Maria – Mãe da Redenção*, Editora Vozes, Petrópolis, 1966, 120-121.)

O barro em si tornou-se símbolo de fusão de culturas, herança utilitária de muitas civilizações, presente na tradição indígena americana e europeia; vai definir a face da arte no Estado de São Paulo.

Como resultado, este território foi um dos que mais produziu imaginária sacra em barro cozido e policromado do país, herança dos primórdios da vida nativa, das incursões de Agostinho de Jesus e seus sucessores até o limiar do século XIX.

(Rafael Schunk, "Frei Agostinho de Jesus e as tradições da imaginária colonial brasileira – séculos XVI-XVII", Dissertação para obtenção de Mestrado em Artes, pela Universidade Estadual Paulista, São Paulo, 2012, 317.)

Abreviaturas e Siglas

ACMA – Arquivo da Cúria Metropolitana de Aparecida
ACMSP – Arquivo da Cúria Metropolitana de São Paulo
AHSI – Archivum Historicum Societatis Iesu
ARSP – Arquivo Redentorista em São Paulo
CNBB – Conferência Nacional dos Bispos do Brasil
Copresp A ou B – Correspondência da Província Redentorista de São Paulo A ou B
CSSR – Congregação do Santíssimo Redentor
EDUSC – Editora da Universidade do Sagrado Coração/Bauru
IPHAN – Instituto do Patrimônio Histórico Artístico Nacional

JS – Jornal Santuário de Aparecida
MAM – Museu de Arte Moderna
Op. Cit. – Obra Citada
REB – Revista Eclesiástica Brasileira
UFB – Universidade Federal da Bahia/Salvador
UFMG – Universidade Federal de Minas Gerais/Belo Horizonte
UNESP – Universidade do Estado de São Paulo/Taubaté
USP – Universidade de São Paulo

Apresentação

A devoção a Nossa Senhora, "aparecida nas águas do Rio Paraíba do Sul", há 300 anos, transformou-se em culto público e privado neste que pode ser considerado um dos maiores fenômenos religiosos da história do Brasil. Essa devoção e esse culto percorrem mais de 2/3 do tempo de nossa história, propiciando em alguns momentos fatos que não podem ficar esquecidos. Se o Brasil tem 500 anos, contando a partir da chegada do branco europeu a nosso continente, no início do século XVI, três séculos deste calendário têm as marcas da presença mariana na fé, na devoção e na vida do povo brasileiro.

Essa devoção é reforçada extraordinariamente pelo Ano Jubilar Mariano reconhecido e incentivado pela CNBB, Conferência Nacional dos Bispos do Brasil, como forma de favorecer o aproveitamento da celebração dos 300 anos do encontro da imagem original por três humildes pescadores.

E, agora, Pe. Gilberto Paiva nos favorece com este livro que recolhe e explica páginas indeléveis desse culto e dessa devoção. Com isso, ele nos permite ir muito além do aspecto celebrativo que não pode ficar circunscrito ao ano de 2017, mas que deve projetar-se para o futuro, indo muito mais além.

A história enquanto disciplina é dinâmica, possibilitando-nos uma ação em três tempos: recordar ou reviver o passado, memorizar e vivenciar o presente, projetando, ao mesmo tempo, o nosso futuro. E é exatamente isso que Gilberto Paiva nos permite com esta obra. Com ela, recordamos fatos memoráveis do passado, alguns deles clarificados hoje pelas luzes lançadas pelas ciências modernas, pelo exaurir de fontes históricas e por suas novas interpretações. Nesta singela obra começamos por recuperar a trajetória feita pelos devotos ao longo desses 300 anos, não importa serem eles pessoas ilustres, como as tantas que visitaram a cidade e seu santuário, ou então como os milhões de peregrinos, gente do povo, que para cá confluem, como as águas de um rio caudaloso, em todas as épocas e estações do ano.

Numa linguagem clara, simples e facilmente compreensível, Pe. Paiva nos recorda esta caminhada, como se fosse, num sentido simbólico, os passos daqueles que cansados, depois de uma longa jornada, alegram-se por avistar ao longe aquela que é chamada popularmente de "Casa da Mãe Aparecida". Nessa trajetória, começamos por recordar a marca da devoção mariana com o título de Nossa Senhora da Conceição, tão presente em terras portuguesas, depois aqui introduzida pelos colonizadores e levada Brasil a dentro, conforme avançava a ocupação deste imenso território. E a religião católica, por natureza mariana, torna-se uma forte motivação da unidade destas terras e de suas gentes.

Vem o tempo da consolidação, da ocupação, e os traços da devoção a Nossa Senhora da Conceição aparecem fortes nas artes, nas letras e no cotidiano da população em todas as partes, também no Vale do Paraíba, lugar de passagem das caravanas que buscavam as terras das Minas Gerais.

A história não é fortuita. Há um nexo causal e uma razão, um porquê, que explica o fato de uma imagem da Conceição, talvez de autoria do Frei Agostinho de Jesus, ter caído nas redes dos três pescadores, quando da passagem, por essas bandas, do Conde de Assumar. Sabe-se lá quanto tempo essa imagem rolou rio abaixo, até chegar ao lugar hoje denominado de Porto Itaguaçu e ser aí mesmo pescada.

Do achado, passa-se ao oratório doméstico, do oratório vem a capela, da capela, a igreja, da igreja, a basílica e da basílica, o grande santuário. E a história não pode mais parar. Ela nos projeta para o dia 13 de outubro de 2017. Passado o jubileu, a roda da história prossegue em sua marcha acelerada.

Mas, para ser correta, essa história precisa registrar não somente fatos, mas também pessoas. E é justo que nos lembremos daqueles que muito fizeram para que Aparecida, não a cidade, mas a imagem e seu santuário se transformassem hoje naquilo que são. Aparecida deve muito aos missionários redentoristas, homens marianos por natureza e por formação, que, ao longo de muitas gerações, em 122 anos, muito fizeram para que Nossa Senhora "Aparecida" marcasse a alma e a vida do povo brasileiro. Agora, em tempos de globalização, a imagem e devoção ultrapassam os limites de tantos países.

Agradecemos ao Pe. Paiva, historiador e profundo conhecedor da história da Igreja e da Congregação Redentorista, a confecção desta obra tão singular. Ele já nos brindou com obra histórica sobre o servo de Deus, Pe. Vítor Coelho de Almeida; já escreveu obras importantes sobre a história da Congregação do Santíssimo Redentor e diversas de suas províncias. Agora nos proporciona este mergulho na história de Nossa Senhora da Conceição Aparecida, que é tão importante, a ponto de já ter recebido três papas em seu santuário.

Vale a pena sua leitura. Vale a pena seu conhecimento!

Pe. José Inácio de Medeiros, C.Ss.R.
Superior Provincial
Província de São Paulo - SP 2300
São Paulo, 2017

Prefácio

Na singular ocasião da celebração do tricentenário da imagem de Nossa Senhora Aparecida, nas redes de Três Pescadores nas águas do Rio Paraíba do Sul em 1717, o Pe. Gilberto Paiva, C.Ss.R., apresenta, nesta obra, com objetividade de historiador, uma elaborada e cuidadosa pesquisa, nascida do conhecimento adquirido em anos de estudos, magistério e proximidade, como missionário redentorista, do Santuário de Aparecida.

Visitar com riqueza de detalhes os principais eventos, que, em 300 anos, fizeram de Aparecida um dos maiores centros de peregrinação mariana do mundo, é também uma oportunidade para um entendimento da devoção à

Virgem da Conceição, vivida no Brasil e herdada dos colonizadores portugueses, bem como a arte religiosa desenvolvida por artistas nativos, e para um descobrimento de quais mãos moldaram a veneranda imagem "Aparecida", quando, às pressas, buscavam-se peixes para uma recepção ao novo Governador que, como tantos, fazia do Vale do Paraíba o caminho estratégico entre o ouro de Minas e o tranquilo mar da Baía de Paraty.

No Vale do Paraíba, onde o rio de águas barrentas que lhe dá o nome serpenteia, nasceu Aparecida, começada com um oratório, uma capela, depois Vila e, no Morro dos Coqueiros, a bela igreja tornou-se Santuário Episcopal da Sé de São Paulo. Não demorou muito para que viesse o título de Basílica, a primeira do Brasil. Tornou-se paróquia, veio a emancipação política e administrativa de Guaratinguetá e nasceu a cidade, que se tornou a Capital Espiritual do Brasil. Por fim, de santuário/paróquia, foi elevada à arquidiocese que, não obstante sua reduzida área territorial, abrange afetivamente todo o Brasil, por estar à sombra da Casa da Rainha e Padroeira dos brasileiros.

Em 300 anos, a Virgem Aparecida, por meio de sua Imagem, objeto de carinho e símbolo da ação de Deus na vida de um povo, atraiu o povo romeiro, personalidades do império e da república, missionários, religiosos, autoridades diversas, artistas até aos milhões de devotos vistos em nossos dias. À sombra da devoção a Nossa Senhora Aparecida, o Brasil desenvolveu-se, a Igreja desvencilhou-se do sistema monárquico, partindo para uma livre atuação. É destaque a riqueza das impressões deixadas na farta documentação dos redentoristas, que atuam em Aparecida, desde outubro de 1894.

Dentre tantos eventos na primeira metade do século XX, merecem destaque a coroação da Imagem, em 1904, e a aclamação triunfal de Nossa Senhora Aparecida como Padroeira principal do Brasil, no Rio de Janeiro, então Capital Federal, em 1931. Na sequência, outros eventos demonstram a devoção crescente e a atuação de ilustres personagens membros da Igreja em momentos muito particulares da história política e religiosa do Brasil. Em setembro de 1955, foi lançada a pedra fundamental da nova igreja, que seria construída no Morro das Pitas. Digna de nota foi a presença da Imagem no Congresso Nacional Mariano, que se realizou em 1954, na celebração do IV Centenário de fundação da Cidade de São Paulo, encerrado com peregrinação ao Santuário e celebração presidida pelo Legado Pontifício. Na sequência, ocorreu, em Aparecida, a segunda assembleia da CNBB.

A imagem passou por restauros, viajou o Brasil inteiro e, se desde 1900 o Jornal Santuário de Aparecida difundia a devoção, em 1951 a Rádio Aparecida iniciava para sua fecunda contribuição para a devoção a Nossa Senhora Aparecida até alcançar projeção nacional como a mais potente emissora católica das Américas. O Brasil construía sua nova Capital Federal e, em maio de 1957, uma imagem fac-símile visitou as obras da cidade e, nessa ocasião, celebrou-se a primeira missa na futura capital, que teria Nossa Senhora Aparecida como sua padroeira. O presidente Juscelino Kubitschek, no mesmo ano, visitou Aparecida e doou a estrutura metálica da torre do novo Santuário, também em obras, que recebeu também o nome de Brasília.

Em pleno período de ditadura militar, em 1967, celebraram-se os 250 anos do encontro da Imagem. A Igreja teve, inicialmente, dificuldades para assimilar o tempo obscuro que se iniciava. Os festejos aconteceram, com destaque para as visitas da Imagem levada por Dom Antônio Ferreira de Macedo, que ocorreram por quase dois anos. O Presidente Costa e Silva, que participou das comemorações em Aparecida, estando em Roma, convidou o Papa Paulo VI, que declinou do convite e enviou ao Santuário uma Rosa de Ouro. Ainda no período do governo militar, Aparecida teve uma rodovia federalizada, passarela construída e o decreto tornando o dia 12 de outubro feriado nacional.

A Imagem da Virgem sofreu, em 1978, um violento atentado que, não fosse o cuidado dos redentoristas e dos peritos do Museu de Arte de São Paulo, poderia não mais existir. Em 1980, o Santuário recebeu pela primeira vez a visita de um Pontífice: João Paulo II, gesto repetido por seus sucessores. Ainda na década de 80, a imagem foi transferida definitivamente para a Nova Basílica; celebrou-se, ainda, o Congresso Eucarístico Nacional, e as obras estruturais da basílica foram concluídas.

Os missionários redentoristas, zelosos guardiães da Imagem, celebraram 100 anos de presença no Brasil e em Aparecida, no ano de 1994. Com a chegada do século XXI, a história se aproximou de nossos dias, com o centenário da coroação, em 2004, o nascimento da TV Aparecida, em 2005, e, na sequência, a criação do Portal A12.com, a realização da V Conferência Geral do Episcopado Latino-Americano e Caribenho, inaugurada pelo papa Bento XVI, em 2007. No ano de 2013, o papa Francisco quis visitar Aparecida e consagrar a Nossa Senhora a Jornada Mundial da Juventude, realizada no Rio de Janeiro.

1717 – 2017 – Trezentos anos faz! Esta belíssima obra, *Aparecida – 300 Anos de História*, é um presente para a Virgem da Conceição, aparecida para todos, e um reconhecimento dos 300 anos de bênçãos derramadas sobre tantos. É um convite para um mergulho numa história de todos os devotos.

Viva a Senhora Aparecida!

Pe. Luiz Cláudio Alves de Macedo, C.Ss.R.
São Paulo, 8 de dezembro de 2016
Solenidade da Imaculada Conceição
Ano Nacional Mariano

Introdução

Depois de trezentos anos passados, em que três pescadores recolheram, em rede, no Rio Paraíba do Sul, uma imagem de Nossa Senhora da Conceição, já rolou muita água, pelo Rio Paraíba do Sul e pelas trilhas da História. Do fato acontecido ao fato narrado, foram mais ou menos vinte anos. De 1717, data do encontro, ao primeiro manuscrito do Vigário de Guaratinguetá, Padre Vilela, em 1745, os registros foram se firmando. De anotações em papéis avulsos ao registro em Livro do Tombo, o fato ocorrido foi preservado. Os pescadores, seus familiares, a vizinhança... os milagres, os locais de culto em âmbito doméstico, o oratório e a capela no Morro dos Coqueiros... são passados quase cinquenta anos da data do encontro.

O Vale do Paraíba, entre a Serra do Mar e a da Mantiqueira, com o Rio Paraíba do Sul fazendo silhuetas, revela uma pedra grande, que em tupi quer dizer Itaguaçu. Foi no Porto de Itaguaçu que o mistério se desvendou, e, a partir daí, a graça de Deus foi abundante nesse Vale, em que corriam os índios, por onde passavam os bandeirantes, que levavam escravos para as Minas, por onde voltou o ouro tornando-se parte da estrada real, com Caminho Velho e Novo... dos tropeiros, das igrejas de Nossa Senhora da Conceição... Vale dos ciclos da cana-de-açúcar e do ouro, da riqueza que veio, que foi e do patrimônio que ficou.

A Igreja institucionaliza a devoção cuidando em oferecer melhores condições para o culto, acolher peregrinos, construir igreja, delimitar terrenos e bens em prol do culto, da santa e da capela. Do oratório às margens do rio, da capela de pau a pique à igreja de cantaria e ao Santuário, há um progresso considerável no desenrolar dos fatos. A imagem de barro é preservada, busca-se a origem da sua confecção, tentativas de restauro, pois, desde sua origem a partir do encontro, a cabeça estava separada do tronco. A imagem torna-se enegrecida, tal qual a opressão que existia sobre a raça negra, que na condição de escrava, era o retrato do maior pecado que perdurava nesta nação. O local, onde a Imagem foi encontrada, ficou conhecido como "Aparecida"; antes era um lugarejo; posteriormente, passou à Vila, a Distrito; finalmente, emancipou-se e virou cidade. Imagem, igreja, culto, vila, emancipação, curato, santuário etc; devotos, turistas, estrangeiros, altas personalidades perfilam diante da Imagem, mas o povo – peregrino, romeiro – vai marcando, passo a passo, o desenrolar histórico sob o manto materno de Nossa Senhora da Conceição Aparecida.

No fim do século XIX, atendendo às necessidades prementes para maior brilhantismo do culto, chegam os Missionários Redentoristas para cuidarem do Santuário. A imagem é coroada no começo do século XX. Dois séculos de história são celebrados, em plena I Guerra Mundial, em 1917. A igreja é alçada à condição de basílica, em 1908. Nossa Senhora é declarada e proclamada Padroeira do Brasil, em 1931. É realizado um congresso Mariano com delegado "a latere" do Papa Pio XII. Há o lançamento da pedra fundamental para a nova basílica. Aparecida, de paróquia sem registro de nascimento, torna-se Arquidiocese.

Progressos na comunicação... púlpito, jornal, microfones, rádio, televisão, informática, site/portal a12, Revista de Aparecida... a Palavra de Deus alcança os corações de várias maneiras. Trezentos anos são passados...

Para o nosso estudo, baseamo-nos primeiramente em documentos conservados no Arquivo da Cúria Metropolitana de Aparecida (ACMA), como Livro da Capela, Livro do Tombo, Decretos e Bulas. No Arquivo Redentorista de São Paulo (ARSP), cartas, crônicas e material foram recolhidos sobre a trajetória histórica do Santuário. Outros documentos, como os da Cúria Arquidiocesana de São Paulo, do Vaticano, foram transcritos, fotocopiados e conservados com selo de autenticidade nos dois Arquivos aqui referidos.

No que se refere ao material impresso, é digno de louvor o trabalho do Cônego João Corrêa Machado, *Aparecida – na história e na literatura*. Uma compilação dos escritos e indicações referentes a Nossa Senhora e sua história. Outra fonte preciosa, desde o início do século XX, é o Jornal "Santuário de Aparecida". Nesses 117 anos de sua existência, ele registrou fatos, pessoas e eventos ao redor do Santuário. Desde 1927, a revista editada pelos Missionários Redentoristas, Almanaque de Nossa Senhora, posteriormente "Ecos Marianos", torna-se importante, porque a cada ano traz reportagens sobre a Imagem, o Santuário com aspectos históricos em linguagem popular. Ultimamente, digno de nota, é o "Centro de Documentação e Memória Padre Antão", localizado na torre da basílica. Documentos e fotografias estão sendo recuperados e preservados para o bem da História do Santuário e da sua devoção.

Alguns nomes merecem destaque na recuperação e organização de documentos: Padre Oto Maria Böhm, que, a pedido de Dom Duarte, fez uma primeira coletânea de documentos referente à capela de Aparecida; Padre Pedro Henrique, ex-reitor do Santuário; Padre Juvenal Martins, ex-procurador da Província Redentorista de São Paulo; por último, Padre Júlio Brustoloni, que além de organizar uma coletânea de documentos, escreveu sobre a Imagem, o Santuário e a pastoral exercida ao longo desses trezentos anos.

No intuito de facilitar a compreensão, vamos nos reportar como se fosse uma biografia. Uma biografia que, a partir da cronologia dos fatos, possa abrir o leque para o leitor sentir-se contextualizado. Oxalá pudéssemos dizer que a obra é uma biografia histórica de Nossa Senhora Aparecida. Faremos uso de uma ampla bibliografia, seja ela referente à sociedade civil ou à eclesiástica. Assim também, outras obras impressas de cunho histórico nos ajudarão nessa trajetória – às vezes quase cronológica – dos fatos envolvendo a Imagem e o Santuário de Nossa Senhora Aparecida. Arquivos, beneméritos pesquisadores, documentos, obras impressas, cartas e crônicas da Comunidade Redentorista de Aparecida dão sustento ao nosso propósito de relatar, suscintamente, o progresso de trezentos anos em torno do culto a Nossa Senhora.

As ciências teológicas trabalham no âmbito da hermenêutica. As ciências bíblicas servem-se da exegese. A História busca, a partir da interpretação, uma narrativa que tenta o máximo possível ser objetiva. Ainda que o pensamento do autor – a interpretação – sofra de influências de linha de pensamento, eclesiologia, teologia e outros limites, a intenção é destacar o evento "Aparecida" nesses trezentos anos. Digamos evento "Aparecida" a preservação da Imagem, a passagem da Imagem das mãos dos leigos para a instituição eclesial, o progresso das romarias, a construção das igrejas, o reconhecimento do culto, a vila, a cidade, os Redentoristas, os momentos solenes... fazendo e sendo História.

A presente obra visa resgatar traços históricos em torno da Imagem e do Santuário de Nossa Senhora Aparecida. A linguagem, de início, parece não ser tão popular, mas aos poucos o leitor vai se familiarizando com o estilo. O objetivo, com a ressalva que acabamos de dizer anteriormente, é fazer uma descrição histórica contextualizada – tempo e espaço –, no intuito de despertar interesse para novas leituras e novas pesquisas em torno do tema. Não queremos um livro sem pé e sem cabeça, mas um texto que tenha "pré-texto" e contexto. Não chega a ser uma obra com a dimensão de uma tese, mas um ensaio que revela antíteses que podem confluir a uma síntese. Temos diversas obras em linguagem popular direcionadas a um público que busca mais o devocional. Nós queremos unir o conteúdo histórico com uma linguagem acessível.

A título de informação, já expressamos nossa intenção de descrever os fatos com viés histórico. Mas, para falar de Nossa Senhora, da Imagem Aparecida, do Santuário, das romarias e dos milhões de devotos que se aproximam do altar e do nicho da Imagem, é impossível não entrar em outras abordagens diferentes. Diferentes até certo ponto, pois a descrição histórica do Santuário, nestes trezentos anos, está inserida no contexto pastoral, evangelizador, sacramental e eclesial, sempre em sintonia com as diretrizes da CNBB. Podemos dizer que nossa pesquisa e descrição é uma abordagem histórico-pastoral em torno da Imagem e do Santuário de Nossa Senhora Aparecida. A mensagem do teólogo belga E. Schillebeeckx, no início do livro, revela o senso profundo desses trezentos anos de história, fundamentados em contexto bíblico e teológico. Essa é, em primeira mão, a mensagem do Santuário e de Nossa Senhora Aparecida.

Antes de iniciar a narrativa, convém lembrar pessoas a quem devemos um obrigado. Ao Padre Vadivino, diretor da Academia Marial, em Aparecida, que, no intuito de celebrar os trezentos anos do encontro da Imagem, pediu esta pesquisa com abordagem histórica. Aos Provinciais, neste tempo de transição do provincialado do Padre Rogério Gomes (2015-2016) ao início de ministério do Padre Inácio de Medeiros (2017- ....). Ao amigo Luiz Cláudio de Macedo, que gentilmente atendeu nosso pedido para prefaciar o livro. A Dorothea Barboza do Centro de Documentação e Memória, pela ajuda prestimosa. Aos amigos Lívia Carolina e Gilberto do Carmo, do escritório provincial, sempre prontos a ajudar. Aos envolvidos com nossos Arquivos, verdadeiros guardiães da nossa História. Aos confrades da casa provincial, Comunidade Religiosa Redentorista Nossa Senhora Aparecida, em São Paulo, Padres Inácio Medeiros (Provincial), Rogério Gomes (Conselheiro Geral), Luiz Cláudio e Irmão Santana.

I

A devoção mariana nos primórdios do Brasil

Considerando a história da Terra de Santa Cruz depois da chegada dos europeus, de modo especial dos portugueses, como marco introdutório na cronologia vista a partir da Europa, estamos com apenas cinco séculos de narrativas. Nesse período, a Igreja Católica marcou presença, desde a saída das caravelas de Lisboa até o marco de posse da nova terra com uma missa, no litoral, em 1500. Nas embarcações, além da presença de padres, há confirmação histórica de que na nau de Pedro Alvares havia uma imagem de Nossa Senhora da Boa Esperança.[1]

[1] Cf. Damião Peres, *História da Colonização Portuguesa no Brasil*, Porto, 1924. A imagem trazida por Cabral hoje se encontra na Vila de Belmonte, terra natal de Pedro Alvares.

A história da conquista e colonização do Brasil está repleta de aventuras, lutas, dizimação de população nativa, fundação de povoados, expansão de limites e implantação da religião católica. Nos primeiros três séculos, dois fatos foram marcantes para a formação do povo brasileiro: a miscigenação e a evangelização. Não foram apenas fatores secundários, mas fatos reais, fundamentais e históricos. A mistura de raças provenientes dos indígenas, dos europeus e dos africanos resultou em um caldeamento racial e cultural, que se prolongou na formação do povo brasileiro.[2] A evangelização, desde os primeiros momentos, com agentes especializados a serviço da Igreja e do Reino (Padroado) e, depois, com uma diversificação imensa, seja nos aldeamentos, nas reduções, missões, na construção de igrejas, no catolicismo popular, na catequese, fez com que ser brasileiro fosse ser católico.[3] Nascia a nação brasileira, e a Igreja foi implantada nessas plagas brasílicas.[4] A religião católica serviu de argamassa para a construção desse país multiétnico e continental.

Portugal esteve sob a coroa de Espanha de 1580 a 1640. Após a restauração, em 1646, o rei Dom João IV proclamou

---

[2] Cf. Darcy Ribeiro, *A formação do povo brasileiro*, Companhia das Letras, São Paulo, 1995.

[3] Cf. Eduardo Hoornaert, *A formação do catolicismo brasileiro*, Vozes, Petrópolis, 1978.

[4] Cf. Alceu Kuhnen, *As origens da Igreja no Brasil – 1500-1552*, Edusc, Bauru, 2006.

Nossa Senhora da Conceição padroeira de Portugal e de suas possessões ultramarinas.[5] Os portugueses tinham essa devoção antes mesmo da proclamação da padroeira, mas, a partir dessa data, a devoção a Nossa Senhora da Conceição começou a ser difundida, seja na criação de paróquias, invocando esse título, seja nas artes como pinturas e imagens. Devoção, inculcada nos devotos desde as leis régias e episcopais, passando pelos artesãos e entrando na vida do povo, por meio de orações, imagens e telas, de Nossa Senhora da Conceição e da Imaculada Conceição.[6]

---

[5] Cf. Fortunato de Almeida, *História da Igreja em Portugal*, Ed. Portucalense, Porto, 1967. Às páginas 272 e 472 o autor faz referência dizendo que em breviários antigos do século XII encontra-se a devoção à Imaculada Conceição. Em 1320, o bispo de Coimbra envia circular em que recomenda que a festa da Imaculada Conceição seja celebrada sempre no dia oito de dezembro de cada ano.

[6] Cf. Rodolfo Papa, in: *Revista "Mundo e Missão"*, PIME/São Paulo, dezembro de 2016. O autor é professor na Pontifícia Universidade Urbaniana, em Roma. Com a Bula *Ineffabilis Deus*, de 8 de dezembro de 1854, Pio IX definira o dogma da Imaculada Concepção de Maria, pondo em evidência que a Virgem foi preservada do pecado original. Definia-se, assim, após séculos de aprofundamento teológico, uma importante questão a respeito da pessoa e do papel da Virgem Maria no plano providencial da Redenção. Até aqui, informação teológica. Agora, a título de informação artística e devocional. Depois da proclamação do dogma, o próprio Pio IX mandou que retratasse a Virgem Imaculada em pintura, em um nicho no presbitério da igreja de Santa Maria em Transtevere, em Roma. As imagens e pinturas tiveram grande divulgação a partir do século XV, depois das Constituições do Papa Sisto IV, da Ordem dos Franciscanos Menores. A própria Ordem Franciscana tinha esta incumbência de divulgação da devoção, também por meio das imagens e pinturas. Na França e Península Ibérica, temos registros de obras importantes, como as duas pinturas no Museu do Prado, em Madri: Imaculada Conceição, de Francisco de Zubarán, de 1632, e Imaculada Conceição, de Giambattista Tiepolo, por volta de 1769. No Museu de Belas Artes de Sevi-

Interessante observar que o documento de 1646 é dicotômico na expressão referente à Padroeira de Portugal. Ele fala de Nossa Senhora da Conceição e também de Imaculada Conceição. A primeira referência diz mais sobre Nossa Senhora da Conceição, a Padroeira. A segunda está mais ligada ao dia da festa, dia oito de dezembro, quando se celebra, até hoje, a Imaculada Conceição de Nossa Senhora.

> [...] Estando ora juntos em Cortes com os três Estados do reino, fiz-lhes propor a obrigação que tínhamos de renovar e continuar esta promessa e venerar com muito particular afeto e solenidades a festa de sua Imaculada Conceição – e nelas com parecer de todos, assentamos em tomar por Padroeira de nossos reinos e Senhorios a SANTÍSSIMA VIRGEM NOSSA SENHORA DA CONCEIÇÃO na forma dos Breves do Santo Padre Urbano VIII, obrigando-me a haver confirmação da Santa Sé Apostólica.[7]

---

lha, Imaculada Conceição, de Bartolomé Murillo, de 1650. Arte e teologia... Em 11 de fevereiro de 1858, a Virgem Maria apareceu à jovem Maria Bernardete Soubirous na gruta de Massabiel, nos Pirineus. Em suas aparições, Nossa Senhora se apresenta: "Eu sou a Imaculada Conceição".

[7] Documento fotocopiado do Livro IV de Leis, da Torre do Tombo, em Lisboa, fls. 181/ verso. O documento autenticado foi doado ao Arquivo Redentorista de São Paulo, pelo Arcebispo Coadjutor de Aparecida, Dom Antônio Ferreira de Macedo, em 1959. Alguns dados complementares: em 1646, as Universidades de Coimbra e de Évora juram defender a Imaculada Conceição de Maria, e Dom João IV proclama o Padroado de Nossa Senhora da Conceição sobre Portugal e colônias; O Papa Clemente X confirma o Padroado de Nossa Senhora da Conceição em 1671; Dom João VI institui a Ordem Militar da Conceição, em 1818, com sede em Portugal; Dom Pedro I, proclamada a Independência do Brasil, ratifica a declaração, de 1646, do Padroado da/de [Imaculada] Nossa Senhora da Conceição sobre o Brasil, em 1822.

Os portugueses chegaram à Ilha da Madeira em 1419, e, em 1515, a Sé de Funchal era dedicada a Nossa Senhora da Conceição. Em 1532, a Sé de Funchal foi elevada à Arquidiocese, sendo a maior em extensão territorial do mundo, com as Sés sufragâneas de Angra, Goa e Bahia. Entenda-se, quando fala de Bahia, o Brasil. Assim também a devoção a Nossa Senhora da Conceição foi levada para Moçambique, criando paróquias e dioceses a ela dedicadas.[8]

Em dezembro de 1717, Dom João V reforçou uma tradição multissecular com circular aos bispos e vigários, recomendando a festa da Imaculada Conceição em oito de dezembro. Em 1818, Dom João VI, no Brasil, fundou a "Ordem Militar de Nossa Senhora da Conceição", com sede em Vila Viçosa, em Portugal. No Brasil, na recém-criada Capitania de São Vicente, em 1561, foi criada a Paróquia de **Nossa Senhora da Conceição** de Itanhaém.[9] Na Ilha de Itamaracá, Nos-

[8] Cf. Sermão do Cardeal Dom Teodósio Clemente de Gouveia, Arcebispo de Lourenço-Marques, de Moçambique, no dia 8 de setembro de 1954, em Aparecida. In: *Polianteia do I Congresso Nacional da Padroeira do Brasil*, Editora Ave-Maria, São Paulo, 1955, 120-122.

[9] Veja informação no livro de Heliodoro Pires, *A paisagem espiritual do Brasil no século XVIII*, sem data, sem edição. Na página 118: "Muitos devotos da Conceição eram os colonos e os primeiros jesuítas portugueses que aportaram ao Brasil. Martin Afonso de Souza, em 1532, quando esteve na Capitania de São Vicente, mandou construir pequena ermida sob o título da Immaculada Conceição. Desde 1561, havia em Itanhaém a confraria da Immaculada Conceição".

sa Senhora da Conceição do Pilar foi instalada em 1550.[10] No Vale do Paraíba, a Vila de Nossa Senhora da Conceição de Jacarehy, em 1653, com criação de paróquia com a mesma invocação em 1700.[11] Em Guarulhos, Nossa Senhora da Conceição, hoje catedral da Diocese, em 1685. A declaração de Portugal só fez aumentar a devoção com a oficialização do culto. E a devoção caiu no gosto popular muito antes que o Papa Pio IX proclamasse Nossa Senhora da Conceição, Maria de Nazaré, mãe de Jesus, Imaculada, isto é, concebida sem pecados, em 1854.

No século XVI, ultrapassando a linha imaginária estabelecida pelo Tratado de Tordesilhas, os portugueses foram responsáveis pelas "entradas" e "bandeiras".

---

[10] Cf. Arlindo Rubert, *A Igreja no Brasil – origem e desenvolvimento (Século XVI)*, vol. I, Editora Pallotti, Santa Maria, 1981, 258. "A Mãe do Salvador, venerada pelos fiéis sob tantos títulos, teve no Brasil do século XVI seus primeiros templos. Título bem português e brasileiro foi sempre o de Nossa Senhora da Conceição, como provam as numerosas igrejas e capelas a ela dedicadas. Uma das primeiras igrejas levantadas no Brasil, ainda no tempo das feitorias, foi a Nossa Senhora da Conceição da Ilha de Itamaracá, que mais tarde foi também a titular da paróquia. Na Bahia, a primeira igreja, erguida no início da cidade em 1549, foi a ermida de Nossa Senhora da Conceição da Praia, por devoção do Governador Tomé de Souza."

[11] A invocação a Nossa Senhora da Conceição, em Jacareí, é anterior a criação da paróquia, desde 1653. No Vale do Paraíba, na cidade de Cunha, também se invoca essa proteção, sendo criada a Paróquia de Nossa Senhora da Conceição em 1731. Em 1781, cria-se capela dedicada à Nossa Senhora da Conceição do Embaú, base do futuro município de Cruzeiro. Em Lagoinha, com o mesmo título, a paróquia é de 1866.

Entradas tinham o caráter oficial no intuito de defender o território, e as bandeiras buscavam resolver um problema econômico, devido à pobreza dos então chamados paulistas.[12] Foi nessa tentativa de busca de riquezas que descobriram ouro na região de Minas Gerais e ocasionou a Guerra dos Emboabas.[13]

Essa guerra mergulhou a região das minas, então descobertas e ainda não gerais, num conflito civil. O problema estava entre paulistas descobridores e forasteiros portugueses, que seguiram suas pegadas em busca de ouro. Os ânimos acirraram de ambos os lados. Os incidentes que começaram no Arraial Novo, que mais tarde veio a se chamar São João del Rei, estenderam-se por outras localidades como Caeté, Cachoeira do Campo e arredores, sendo necessária a presença do Governador Antônio de Albuquerque. Ele partiu do Rio de Janeiro e empreendeu a viagem a São Paulo e à região das minas. Na viagem de volta, o Governador passou por Guaratinguetá, onde não foi bem recebido pelos paulistas. Ao que parece, chegou mesmo a pensar na conquista de São Paulo

---

[12] Cf. Renato Mocellin, *A História Crítica da Nação Brasileira*, Editora do Brasil, São Paulo, 1987. É controversa esta afirmação de pobreza dos paulistas no fim do século XVII. Mas é assunto para outra abordagem.
[13] Cf. Adriana Romeiro, *Paulistas e emboabas no coração das Minas – ideias, práticas e imaginário político no século XVIII*, Ed. UFMG, Belo Horizonte, 2009.

com o auxílio dos Emboabas.[14] O Vale do Paraíba era o caminho natural de passagem para as minas. Na Vila de Guaratinguetá registramos, nesse período, a passagem de dois Governadores, sendo que o Conde de Assumar nos interessa em primeiro lugar. Os paulistas - desde Taubaté - sentiam-se perdedores com a entrada de outros exploradores em direção àquela região. Após o conflito com os Emboabas, eles se dirigiram ao Centro Oeste na busca pelo ouro na região de Goiás e Mato Grosso.[15]

A descoberta do ouro começou a partir de 1692 nos arredores de Sabará.[16] Em 1698, um bandeirante, chamado Antônio Dias, chegou à região, que passou a se chamar Vila Rica. Naquele local iniciou a devoção à Nossa Senhora da Conceição com uma pequena capela. De capela à paróquia, a matriz de Antônio Dias foi o marco da devoção à Nossa Senhora da Conceição

[14] C. Boxer cita Visconde de Taunay, em sua *História Geral*, vol. 9, em que Taunay, firmando-se em fontes do século XVIII, diz que emboaba significa um pássaro de pernas emplumadas, daí ser aplicado com zombaria aos recém-chegados da Europa e do litoral, que usavam coberturas protetoras para as pernas e pés, ao contrário dos paulistas – com vocação ambulante/bandeirante – andavam descalços e de pernas nuas pelo matagal.

[15] Cf. Charles Boxer, *O Império Marítimo Português – 1415-1825*, Edições 70, Lisboa, 1969, 162.

[16] Não é possível estabelecer uma data precisa para o início da descoberta e exploração do ouro em Minas Gerais. As fontes são divergentes. Na melhor das hipóteses, dizer final do século XVII.

em Minas Gerais. A festa é celebrada no dia oito de dezembro, dia em que se celebra a Imaculada Conceição de Maria. Em Ribeirão Carmo, há registro também de uma imagem de Nossa Senhora da Conceição no começo do século XVIII.[17] E a devoção se espalhava invocando a proteção materna para desbravar os sertões das gerais na busca pelo ouro.[18]

Ainda sobre a Guerra dos Emboabas, no fim de 1709, o Governador recebeu instrução de Portugal para anistiar ambos os lados no conflito. Em fevereiro de 1709, outro despacho régio separava São Paulo e a região das minas da Capitania de São Vicente, criando a "Capitania de São Paulo e das Minas de Ouro", em que o mesmo Governador, A. de Albuquerque, passava

---

[17] Cf. Augusto de Lima, *História de Minas Gerais*, Ed. Itatiaia, Belo Horizonte, 1968, 21-23. No livro História da Igreja no Brasil, Tomo II/1, Vozes/Paulinas, 1983, p. 349, há uma referência sobre Imaculada Conceição em Minas Gerais. "A partir do período mineiro (séc. XVIII) surge poderosamente na tradição brasileira a imagem de Nossa Senhora da Conceição, que foi a primeira imagem venerada em Minas Gerais, na ermida de Ribeirão do Carmo, ulterior cidade de Mariana. Nossa Senhora da Conceição no Brasil e sua devoção estão ligadas à consagração de Portugal e de suas colônias a Maria como 'promessa' que cumpriu Dom João IV no dia 25 de março de 1646, em gratidão pela restauração portuguesa após o domínio espanhol (1580-1640)".

[18] No ano de 1700, Paróquia de Nossa Senhora da Conceição, em Piranga (MG); em 1709, Paróquia de Nossa Senhora da Conceição, em Conselheiro Lafaiete (MG); em 1724, Paróquia de Nossa Senhora da Conceição, em Catas Altas (MG) e, em 1750, Nossa Senhora da Conceição, em Ouro Preto (MG). Isso para falar apenas na Arquidiocese de Mariana (MG). C.f. Augusto de Lima, *História de Nossa Senhora em Minas*: origem das principais invocações. Ed Autêntica/PUC Minas, Belo Horizonte, 2008.

a assumir.[19] Na nova Capitania, ele elevou à condição de vila três arraiais: Ribeirão do Carmo (Mariana), Vila Rica D'Albuquerque (Ouro Preto) e **Nossa Senhora da Conceição** do Sabará, (Sabará), todas em 1711.[20]

A coroa portuguesa não aceitou o fato de A. de Albuquerque rebatizar a vila com o seu sobrenome; a partir de 1712, por isso, voltou a se chamar Vila Rica do Ouro Preto. Em Ouro Preto, ainda sob influência da mentalidade espanhola, fundaram-se uma igreja e paróquia de Nossa Senhora do Pilar, em 1724. Há também uma versão de que essa imagem tenha sido a primeira a entrar na região das minas. Com esses relatos, podemos chegar à conclusão de que, nesse período, quando Portugal passava pela Restauração de sua coroa, a devoção a Nossa Senhora da Conceição estava sendo difundida e ampliada e o objetivo era, a partir da religião católica, firmar a sua identidade como nação e como reinado.

---

[19] A Capitania de São Vicente estava dividida e em decadência. A coroa comprou o que restava do Marquês de Cascais e desligou partes que estavam sob a Capitania do Rio de Janeiro. Nomeou Dom Antônio de Albuquerque que era o governador do Rio de Janeiro como o primeiro Governador de São Paulo e Minas do Ouro, tomando posse em 11 de junho de 1709. O segundo Governador foi Dom Brás Baltasar da Silveira, que tomou posse em 31 de agosto de 1713. O terceiro e último, pois em 1720 a Capitania foi dividida em São Paulo e Minas Gerais, foi Dom Pedro de Almeida, o Conde de Assumar, em 4 de setembro de 1717.

[20] Esta igreja de Nossa Senhora da Conceição, em Sabará, é uma das três igrejas no Brasil, com maior quantidade de ouro em seus altares e imagens.

O Conde de Assumar – que retomaremos adiante – governou a Capitania de São Paulo e Minas Gerais de 1717 a 1721. Os resquícios do conflito entre paulistas e portugueses ainda não haviam sido totalmente apagados. Em 1720, um tropeiro minhoto chamado Felipe dos Santos liderou uma rebelião contra o Governador e contra a taxa imposta – impostos – na extração do ouro. Foi aplicada a ele a pena capital, sendo Felipe dos Santos garroteado e seu corpo esquartejado. Tanto a rebelião como a pena aplicada preocupavam a coroa. Após esses incidentes, Portugal criou a Capitania de Minas Gerais, separada de São Paulo e nomeou Dom Lourenço de Almeida como governador.[21] O ouro continuava a fluir pelas veias e bateias de forasteiros e escravos africanos levados para as Minas. Trinta anos mais tarde, a decadência batia às portas daquelas Vilas.[22] Na expressão do brasilianista inglês, citado aqui, Charles Boxer: o ouro nascia em Minas Gerais, morria em Portugal, mas era enterrado na Inglaterra![23]

[21] Cf. Diogo de Vasconcelos, *História média de Minas Gerais*, Ed. Itatiaia, Belo Horizonte, 1974, 69. O alvará régio é de 2 de dezembro de 1720, e o Governador chegou à Vila Rica em agosto de 1921 para a tomada de posse.

[22] Cf. Laura de M. e Souza, *Desclassificados do Ouro – a pobreza mineira no século XVIII*, Ed. Graal, 3ª edição, São Paulo, 1990.

[23] Cf. Charles Boxer, *A idade de ouro do Brasil – dores de crescimento de uma sociedade colonial*, Ed. Nova Fronteira, Rio de Janeiro, 2000.

Nossa Senhora da Boa Esperança, que estava na nau de Pedro Álvares Cabral, quando este chegou ao Brasil em 1500
(Reprodução)

Nossa Senhora da Conceição de Vila Viçosa, padroeira de Portugal
(Reprodução)

II

Nossa Senhora da Conceição: expressão de arte e fé

Antes de apresentar o caminho do Conde de Assumar em direção a Minas Gerais, em 1717, e sua passagem e estadia em Guaratinguetá, iremos apresentar um relato da arte religiosa referente à imagem de Nossa Senhora da Conceição. Sem adentrar na história da arte enquanto tal,[1] iremos apenas ressaltar o período seiscentista, na confecção de imagens na região de São Paulo, como ajuda na compreensão em torno da Imagem encontrada pelos pescadores.

---

[1] Para uma análise do tema, veja: Cláudio Pastro, *A arte no cristianismo – fundamentos, linguagem, espaço*, Paulus, São Paulo, 2010.

Como fizemos alusão, Pedro Álvares tinha uma imagem de Nossa Senhora da Esperança em sua nau. A partir da presença das Ordens Religiosas, em cada região litorânea foi implantada uma devoção conforme o objetivo ou o carisma que cada uma delas tinha na sua missão de evangelização. Muitas imagens, feitas de madeira e outros artefatos, foram trazidas de Portugal. Sobre a confecção de imagens para devoção nas capelas ou ambientes domésticos, temos dificuldades na precisão de como ou quando foram confeccionadas. Trabalhar com as fontes primárias sobre a confecção de imagens não tem sido um trabalho com muito êxito. As fontes mais confiáveis e, em alguns casos, única em algumas regiões, são as anotações dos livros de crônicas ou ânuas dos conventos e mosteiros, destacando-se os Beneditinos. Os Beneditinos fixaram-se em Salvador, Olinda, Paraíba, Rio de Janeiro e São Paulo ainda no século XVI.[2]

Na região Sul, o chamado território das Missões, as reduções dos Jesuítas deixaram uma herança interessante na confecção de imagens.[3] Em Minas Gerais, no século

---

[2] Cf. Joaquim G. de Luna, *Os monges beneditinos no Brasil – esboço histórico*, Edições Lumen Christi, Rio de Janeiro, 1947. Afonso de Taunay, *História da Antiga Abadia Beneditina de São Paulo*, Typografia Ideal, São Paulo, 1927.

[3] Cf. Júlio Quevedo, *Guerreiros e Jesuítas na utopia do Prata*, Edusc, Bauru, 2000; Ainda: Charlotte de C. L'Estoile, *Operários de uma vinha estéril – os jesuítas e a conversão dos índios no Brasil – 1580-1620*, Edusc, Bauru, 2000. Ainda que o auge das reduções tenha sido em período posterior, esta obra ajuda a entender o vasto trabalho dos je-

XVIII, desenvolveu-se o barroco, principalmente na arquitetura e na escultura.[4] Em outras regiões, essa produção foi concomitante – século XVIII – (a região do Nordeste) ou posterior, como na região Centro Oeste. Em estudo sobre imagens paulistas no século XVII, a curadora e diretora técnica do Museu de Arte Sacra afirma o seguinte:

> O olhar se volta para São Paulo, que de certa forma intriga pela própria trajetória e historiografia existente. O barro moldou-se com testemunho e como um dos principais remanescentes da ocupação colonial. É difícil utilizar a denominação barroco paulista. Sem dúvida, há barroco nestas criações, mas não apenas as influências desse estilo são identificadas nas características estilísticas da produção apresentada nesse período. O termo colonial foi adotado por apresentar um significado mais abrangente no sentido de produção de obras de arte e de fé e não apenas como ponto de vista estilístico, que poderia ser limitador. Nesse âmbito, pelas descrições encontradas nas fontes primárias e iconográficas trabalhadas em especial nos últimos tempos, há uma possibilidade interpretativa dessa fase apresentar farta circulação de bens, riquezas, conhecimentos e religiosidades impregnadas às ações. O território tem fator decisivo e determinante na constituição da história; pode-se compreender alguns nomes de regiões que hoje são ocupados por diferentes indivíduos ou grupos que desconhecem o seu passado. [...]

---

suítas de modo especial no território das Missões. Também: Clement McNaspy, *Una visita a las ruinas jesuíticas*, Loyola, Assunción, 1981.

[4] Cf. Lourival G. Machado, *Barroco Mineiro*, Ed. Perpectiva, 2ª ed., São Paulo, 2009.

> No Brasil, a madeira é o suporte predominante das peças coloniais. Coexistem em diferentes regiões a pedra, o metal e, sem dúvida, o barro. Na produção colonial paulista há a predominância de obras de barro ou terracota. Há exemplares significativos em madeira e poucos em *papier-mâché*, como parte do acervo do Museu de Arte Sacra de São Paulo.[5]

A citação acima refere-se a um estudo comparativo de imagens do século XVII, tanto do Museu de Arte Sacra de São Paulo como de uma coleção particular exposta em São Paulo e Aparecida (SP) nos anos de 2016 e 2017. Na busca de contextualização, ainda que façamos certos rodeios históricos, a intenção é mostrar que a imagem de Nossa Senhora da Conceição, encontrada por pescadores, responde a estas afirmações: barro paulista, artista em sintonia com o território em que se encontrava culminando na obra de arte e de fé. E a autora afirma ainda que, no conjunto de peças de barro produzidas no período colonial paulista, há um expoente que é nada menos que a imagem de Nossa Senhora da Conceição Aparecida. Ela apresenta características da época colonial, mesmo material e autoria atribuída ao principal artista naquela ocasião.

---

[5] Cf. Maria Inês Coutinho, "Mestres santeiros paulistas do século XVII na coleção Santa Gertrudes", Cult Arte e Comunicação, São Paulo, 2016, 14-23. O nome do artigo é o mesmo nome do livro/álbum que estamos citando.

Desde a fundação da Capitania de São Vicente, com a presença de Franciscanos, havia a propagação do culto e da devoção mariana. Com o aumento da demanda, era necessária a confecção de imagens que fossem sinais visíveis para a veneração. Ainda não podemos falar de um catolicismo popular brasileiro que se desenvolveu a partir do século XVIII; mas uma citação de Sérgio Buarque ajuda-nos a entender esses primórdios, no século XVI. O catolicismo ibérico, vindo com os Frades e o povo, é expresso nas imagens, nos rostos humanos e nos enfeites dos altares, sobretudo na expressão barroca das esculturas. Sérgio Buarque cita o grande teólogo Beato John Newman, que, em certa ocasião, exprimiu com "firme convicção de que a nação inglesa lucraria se sua religião fosse mais supersticiosa, *more bigoted*, se estivesse mais acessível à influência popular, se falasse mais diretamente às imaginações e aos corações".[6]

No Brasil, ao contrário, foi justamente o culto, sem obrigações e sem rigor, intimista e familiar, a que se poderia chamar, com alguma impropriedade, "democrático"; um culto que dispensava no fiel o esforço, toda diligência, toda tirania sobre si mesmo, o que corrompeu,

---

[6] Sérgio B. de Holanda, *Raízes do Brasil*, Companhia das Letras, São Paulo, 1995, 150. A citação, em que ele se refere ao então teólogo anglicano John Newman, está na obra *Newman and his contemporaries*, Edward Short, New York, 2001, p. 333.

pela base, o nosso sentimento religioso, completa Sérgio Buarque. No século XVIII, o barroco soube deixar sua marca em nossas igrejas, na arquitetura, na escultura, na pintura e na música. Um barroco sacro, piedoso, envolvente com imagens e altares triunfalistas.[7]

Na obra citada sobre mestres santeiros paulistas do século XVII, Dalton Sala dá-nos informação de que a primeira notícia de um forno na Vila de São Paulo data de 1575, para o fabrico de telhas. Com a necessidade de queimar as imagens feitas de barro, temos a indicação de que ao menos os fornos já existiam. Forno para queimar telhas, imagens e a constatação de barro apropriado para a confecção, de modo especial, de imagens. Mas quem fazia tais imagens? Que barro era usado? Com ajuda do autor citado, vamos completando nossas informações.

Os Beneditinos, em São Paulo, tinham algumas fazendas. O barro considerado melhor para cerâmica e para imagens era o de São Caetano. Na metade do século XVII, não há notícias nem documentos que comprovem a existência de fornos nas fazendas dos Beneditinos no Mosteiro de Nossa Senhora do Desterro de Santana de Parnaíba, nesse período do século XVII. Há notícias de que, posteriormente, esse mosteiro adquiriu uma olaria

---

[7] Cf. Os dois capítulos do Livro Terceiro, in: Sérgio B. de Holanda, *História Geral da Civilização Brasileira – a época colonial*, vol. II, Bertand Brasil, Rio de Janeiro, 1997, p. 105-162.

onde, hoje, situa-se o município de São Roque (SP). Portanto o barro e o forno usados eram os de São Caetano, ainda que o presumível autor residisse em Santana de Parnaíba. Quem era o autor?

Segundo Dalton Sala e outros estudiosos do assunto, o autor de diversas imagens feitas de barro paulista no século XVII foi o monge Beneditino Frei Agostinho de Jesus. Alguns afirmam que esse santeiro paulista tenha sido discípulo de outro Agostinho, o da Piedade, do Mosteiro de São Bento da Bahia.[8] O fato é que o assunto ainda é pouco estudado sobre produção – origem, datação, autor, material usado – das imagens em terracota no Brasil colonial. Três estudiosos da imaginária paulista, em barro, dedicaram-se a pesquisas e

[8] Cf. Dalton Sala, "A coleção Ladi Biezus no Museu de Arte Sacra de São Paulo", in: *Mestres santeiros paulistas do século XVII na coleção Santa Gertrudes*, Cult Arte e Comunicação, São Paulo, 2016, p. 26-41. Segundo o autor, o fato de as assinaturas dos dois Agostinhos aparecerem no Livro Velho do Tombo do Mosteiro de São Bento de Salvador da Bahia não quer dizer que um tenha sido discípulo do outro, mas apenas que os dois, ao menos em uma oportunidade, estiveram juntos ou assinaram juntos uma obra. Segundo o autor citado, é difícil provar que Frei Agostinho de Jesus tenha vivido no Mosteiro Beneditino de Santana de Parnaíba. Veja, na íntegra, como Dalton Sala faz a sua afirmação: "Inclusive não há notícias nem documentos que comprovem a existência de fornos nas fazendas pertencentes ao Mosteiro de Nossa Senhora do Desterro de Santana de Parnaíba, e a indústria do barro que se desenvolveu no caminho que leva a Itu, passando por Cabreúva, parece só ter se desenvolvido a partir da segunda metade do século XVIII. Mas temos notícias de olarias nas fundações beneditinas de Santos e São Paulo, sendo que esta última estava associada à fazenda de São Caetano. Mesmo assim, são referências escassas e precárias, e a documentação de que dispomos é esparsa e precária".

narrativas sobre o assunto. Os três são: Dom Clemente Maia da Silva-Nigra, Pedro Oliveira Ribeiro Neto e Rafael Schunk. Vejamos os comentários dos estudiosos sobre os dois Agostinhos e sobre a produção artística, de modo especial a de Frei Agostinho de Jesus.

Em dissertação de mestrado pela Universidade Estadual Paulista, Rafael Schunk, em pormenorizada pesquisa e redação, afirma que Frei Agostinho de Jesus viveu no Mosteiro Beneditino de Santana de Parnaíba. A citação, no início do nosso livro, sobre a importância do barro na arte paulista, é fruto de suas pesquisas.

> Devido às habilidades de pintor e ceramista, por volta de 1643 Frei Agostinho de Jesus é enviado ao sertão paulista para o recém fundado Mosteiro dos Beneditinos de Santana de Parnaíba (SP). Residindo no local por muitos anos, irá produzir todo um conjunto escultórico de imagens nos altares deste priorado e para a nova igreja matriz da vila. [...] Nesta época sua produção artística atinge maturidade. Em Parnaíba irá criar suas obras-primas e onde iremos encontrar no século XX o maior conjunto remanescente de sua obra. O grande *figulus statuarius*, assim chamado por Silva-Nigra, torna-se um dos maiores missionários das artes no Brasil antigo.[9]

[9] Rafael Schunk, *Frei Agostinho de Jesus e as tradições da imaginária colonial brasileira – séculos XVI-XVII*, Dissertação de mestrado pela UNESP, 395 páginas. São Paulo, 2012. O trabalho ainda não foi publicado, mas há autorização para reprodução ou divulgação, citando a fonte. A citação acima está nas páginas 206 e 216. Este autor afirma que a olaria do mosteiro de Santana de Parnaíba, fundado em 1643, estava na fazenda Santa Quitéria, que outrora pertencia a Santana de Parnaíba, hoje município de São Roque (SP). Interes-

Dalton Sala, citando Dom Clemente, diz que este recolheu informações sobre Frei Agostinho de Jesus no Rio de Janeiro. Em uma página manuscrita por Frei Paulo da Conceição F. de Andrade, inclusa no Dietário (livro em que se anotam as entradas e os gastos diários de uma casa/comunidade religiosa) do Mosteiro de São Bento do Rio de Janeiro, há notícias de Frei Agostinho de Jesus.

> O vigésimo primeiro foi o padre Frei Agostinho de Jesus, natural desta cidade e professo na Bahia. Para se ordenar sacerdote foi ao reino e, voltando a este mosteiro, ocupava-se na pintura e em fazer imagens de barro, para o que tinha especial graça e direção. Ainda hoje se veneram nos altares do mosteiro de São Paulo imagens perfeitas obradas por este monge quando lá residiu: e piamente se pode inferir que na glória estará acompanhando aqueles santos, cujas imagens expôs na terra à pública veneração dos Católicos. Faleceu aos 11 de agosto de 1661, sendo Abade o Padre Mestre Frei Manoel do Rosário.[10]

sante que Rafael Schunk em sua pesquisa, com um rico acervo iconográfico, elenca uma série de imagens de Nossa Senhora da Conceição, atribuída ao Frei Agostinho de Jesus. Na página 280, Nossa Senhora da Conceição do antigo mosteiro de São Bento em Santana de Parnaíba (foto de 1940, no acervo do IPHAN-SP); Na página 208, Nossa Senhora da Conceição do mosteiro de Santos; Na página 222, Nossa Senhora da Conceição, em Mogi das Cruzes, no acervo das igrejas carmelitas; Na página 252, Nossa Senhora da Conceição da capela do aldeamento de Pinheiros, em São Paulo, está no Museu de Arte Sacra de São Paulo; Na página 254, Nossa Senhora da Conceição, capela de São Miguel Paulista; Na página 270, Nossa Senhora da Conceição, que esteve no Mosteiro de Vinhedo e foi doada ao Museu de Arte Sacra de Santos.

[10] Cf. Ibidem. O autor faz uso e cita o trabalho de Dom Clemente Maria da Silva-Nigra, "Os dois escultores Frei Agostinho da Piedade e Frei Agostinho de Jesus e o arquiteto Frei Macário de São João", UFB, Salvador, 1971. Interessante visitar as obras de Frei Agostinho de Jesus na Basílica do Mosteiro de São Bento, em São Paulo.

Outro estudioso, responsável pela coleção e exposição "Santa Gertrudes", afirma que, no século XVII, em São Paulo, é muito difícil falar de uma única autoria das imagens desse período, pela dispersão de características. Por outro lado, não se pode afirmar que existiam grande número de escultores do barro, pois não havia grandes centros urbanos. Assim sendo, muitos que se dedicaram ao assunto levam a crer que os mosteiros de São Paulo e Santana de Parnaíba foram os responsáveis pela confecção dessas imagens seiscentistas. Passamos a citar a análise que faz Ladi Biezus.

> Os beneditinos, alguns deles formados na Europa, tinham grande talento para a arte sacra, que combinavam com prescrição de São Bento do *Ora et Labora*. Além de prestarem enorme impulso para agricultura – sua grande contribuição ao Ocidente –, também instalavam fornos que permitiam a produção de tijolos e telhas para as suas construções. Uma vez instalado o forno, passar a queimar também imagens e vasos era uma decorrência mais que natural. A própria natureza do barro condicionava a produção de imagens, algumas de paredes espessas e outras de paredes bem delgadas, além, obviamente, da habilidade do escultor. Ainda, as imagens produzidas com material de elevada plasticidade tinham de ter forma cônica, forçosamente, para dar conta das tensões tangenciais sobre a base produzidas pelo peso próprio. [...]
> As imagens de autoria de Frei Agostinho de Jesus obedecem sempre ao binômio espessura delgada das paredes e coloração branca do barro. As suas imagens foram realizadas com barro de plasticidade relativa-

> mente elevada. Essa é a razão pela qual são sempre troncocônicas em sua silhueta e têm paredes bastante delgadas. ... Para barros de elevada plasticidade, como aqueles usados por Frei Agostinho de Jesus, a peanha funciona como cinta e é sempre reforçada na altura e no perímetro para compensar essas tensões.[11]

A análise feita pelo autor citado ajuda-nos a entender esse universo das imagens confeccionadas pelo Frei Agostinho de Jesus, pois há confirmação de que ele tenha colocado a datação incisa no barro em algumas delas. O exemplo está numa imagem de Nossa Senhora do Rosário, atribuída a ele, que está no Museu de Arte Sacra de São Paulo. Tendo em conta as considerações levantadas pelos estudiosos, como poucos artistas e escassa população em pequenas cidades no século XVII, vemos que a produção artística de Frei Agostinho de Jesus deu-se em meados do século XVII. Com essas informações, podemos chegar mais perto da imagem de Nossa Senhora da Conceição, razão de nossa abordagem.

[11] Cf. Ladi Biezus, op. cit., p. 44-59. Ao final de seu artigo, o autor faz uma referência interessante à coleção "Santa Gertrudes", no que diz respeito à quantidade de imagens de Nossa Senhora. Das 54 imagens da coleção, 5 são de invocação masculina e 49 de invocação feminina. A partir daí o autor busca uma fundamentação antropológica e teológica "refletindo sobre essa incidências tão significativas, dir-se-ia uma ansiosa busca de um eixo de integração, a busca da força na interioridade e no contato íntimo com a divindade (as imagens da Imaculada Conceição)". Tema que pode ser abordado pela antropologia teológica.

Por ocasião dos duzentos e cinquenta anos do encontro da imagem de Nossa Senhora Aparecida, em 1967, a Arquidiocese de Aparecida promoveu momentos de celebração e de estudos para relembrar o fato de 1717. Uma conferência feita em Aparecida, pelo Dr. Pedro de Oliveira Ribeiro Neto, foi de fundamental importância para esclarecimentos em torno da imagem de Nossa Senhora. Na sua fala, ele disse que estudara o assunto há muito tempo e, por isso, poderia chegar à conclusão de que a imagem encontrada no Rio Paraíba era de barro paulista, de arte erudita e feita provavelmente na primeira metade de 1600.

Dr. Pedro Neto fez um apanhado histórico das análises feitas em imagens de barro confeccionadas em São Paulo, a partir do século XVI. Ele citou as imagens de Nossa Senhora do Rosário e Nossa Senhora da Conceição, de São Vicente e Itanhaém, de 1560. Comentou que a tradição de ceramistas de Taubaté era de não queimar as imagens, com isso, a fragilidade sendo maior, pouco se preservou dessa tradição. Depois fez um elenco de imagens confeccionadas nesse período em São Paulo. Se alguém colocasse em dúvida que Frei Agostinho de Jesus tenha sido discípulo de Frei Agostinho da Piedade, Dr. Pedro afirmava que Agostinho de Jesus foi sim discípulo do Agostinho da

Piedade. E mais: que pela quantidade de imagens paulistas, o próprio Frei Agostinho de Jesus tenha deixado discípulos na confecção de imagens de barro em São Paulo. Ele deu a explicação para o tom escuro que a imagem adquiriu ao longo dos anos. Alguns pontos dessa temática ainda serão realçados por nós, mas vale a sua narrativa, num intuito de contextualização da origem da imagem.

> O barro paulista, depois de cozido, torna-se cinza claro, às vezes, rosado, pois essa qualidade tem particular importância na classificação da Santa Imagem de Nossa Senhora da Conceição Aparecida.
> Sabido é que a imagem de Nossa Senhora, recolhida pelos três barqueiros pescadores junto ao Porto de Itaguaçu, foi preliminarmente para a casa de moradia de Filipe Pedroso, por certo, casa modestíssima, de pescador andarilho, onde permaneceu algum tempo exposta ao fumo do fogão e possivelmente de candeia de azeite.
> Dessa casa foi a imagem removida por duas vezes até 1733, nas mudanças de Filipe Pedroso, para a beira do córrego de Lourenço Sá e para o caminho da Ponte Alta, locais que não seriam muito melhores para a conservação do aspecto da imagem. Só em 1733, portanto, dezesseis anos depois de encontrada, foi ela colocada num altar de madeira, no oratório construído por Atanásio Pedroso à beira da Estrada Real, junto ao Porto de Itaguaçu, lugar iluminado à luz de velas como se vê do milagre ali acontecido que é precisamente o Milagre das Velas. E todos sabem a fumaça e o calor dos círios como deixam as imagens e objetos que lhes ficam perto. Dessa

Capela à Basílica atual, uma moradia teve ainda a Santa Imagem, capela de pau a pique onde ficou até 1745. Em vinte e oito anos, portanto, de peregrinação e estada por estes lugares, não admira que a imagem de Nossa Senhora Aparecida tenha adquirido a cor que hoje conserva, castanho brilhante, o que faz pensar a muita gente, mesmo erudita e interessada em arte, que ela tenha sido esculpida em madeira, ou o que fez alguém dizer em antigo comentário escrito que a imagem é feita de "barro escuro, terracota escura". Fixemos desde já, a bem da verdade, a cor do barro da imagem morena da nossa devoção, o que talvez muito pouca gente tenha tido a oportunidade ou a ideia de verificar, como a que me foi concedida pela bondade do Sr. Cardeal Arcebispo de Aparecida. A Imagem encontrada pelos pescadores junto ao Porto de Itaguaçu, e que hoje se venera na sua Basílica como a Excelsa Padroeira do Brasil, é de barro cinza claro, paulista por mercê de Deus, como constatei e mostrei ao Sr. Cardeal e às pessoas presentes, barro que se vê claramente em recente esfoladura no cabelo, do lado direito, ao alto da cabeça, causada na viagem que a Padroeira fez pelo Norte do Brasil no ano de 1966. Além disso, leve desbotado à altura do joelho esquerdo, mais pronunciado em toda a parte inferior da imagem justamente nos lugares em que pousavam as mãos que a transportavam, mais notadamente no rosto e no corpo do serafim da base, mostra com evidência que sob a pátina morena da imagem, como um verniz criado pelo uso e pelo tempo, lá está escondido o barro paulista em que ela foi esculpida na primeira metade de 1600.[12]

---

[12] Cf. Pedro de Oliveira R. Neto, "A imagem de Nossa Senhora Aparecida", in: *Jubileu de ouro & Rosa de ouro*, Santuário Nacional, Aparecida, 1967, 173-186.

O palestrante informou ainda que os missionários jesuítas que pregaram uma Missão em Guaratinguetá tiveram contato com a imagem de Nossa Senhora e a descreveram com as cores oficiais da imagem de Nossa Senhora da Conceição, proclamada padroeira de Portugal em 1646. "A imagem teve o seu barro claro pintado, um manto azul escuro forrado de vermelho granada, cores oficiais de Nossa Senhora da Conceição no Reino Português".

Em momentos festivos em torno da devoção a Nossa Senhora Aparecida, como a coroação, em 1904 e no cinquentenário da coroação, em 1954, ainda não se sabia a origem da imagem. Julgavam até mesmo que teria vindo da Espanha, no período em que o Brasil esteve sob a coroa da Espanha ou mesmo de Portugal, em período anterior.[13]

Após o atentado à imagem, em 1978, quando procedeu-se a sua reconstituição e restauração, chegou-se também à mesma conclusão. Os peritos do Museu de Arte Moderna de São Paulo, Dr. Pietro Maria Bardi, Dr. João Marino e a restauradora Maria Helena Chartuni afirmaram: "Constatamos, pelos fragmentos da Imagem em terracota, que ela é da primeira metade

[13] Cf. João Corrêa Machado, *Aparecida na História, na Literatura*, Campinas, 1975. Veja as páginas 112-128.

do século XVII, de artista seguramente paulista, tanto pela cor como pela quantidade do barro empregado e, também, pela própria feitura da escultura".[14] Os estudos sobre a imagem continuaram, a exemplo de uma conferência dada em Aparecida, em 2015, pela diretora técnica do Museu de Arte Sacra de São Paulo.[15]

Depois desse relato sobre a origem da confecção da imagem, fica a pergunta: como ela foi parar no Rio Paraíba do Sul? Por que fora encontrada na água? Por que, em uma das muitas curvas do rio, deu-se o achado da imagem da Imaculada Conceição? Iremos discorrer sobre o Vale do Paraíba e sua importância como local de passagem do litoral fluminense e paulista para o interior mineiro.

---

[14] Cf. Relatório do trabalho de restauração da Imagem de Nossa Senhora Aparecida no Museu de Arte Moderna de São Paulo, em 1978, no Arquivo da Cúria Metropolitana de Aparecida. Foram publicados, em 1978, um opúsculo contendo fotografias e o processo de restauro pela equipe do MAM de São Paulo. No Arquivo Redentorista de São Paulo.

[15] Cf. Maria Inês L. Coutinho, "A história da imagem de Nossa Senhora Aparecida", in: *Iconografia de Aparecida – teologia da Imagem*, Valdivino Guimarães (org), Paulus, São Paulo, 2016, p. 63-77.

Nossa Senhora da Conceição (Frei Agostinho de Jesus)
(Foto: Thiago Leon - Acervo do Museu Nossa Senhora Aparecida)

Nossa Senhora da Conceição (Frei Agostinho de Jesus)
(Foto: Thiago Leon - Acervo do Museu Nossa Senhora Aparecida)

Monumento a Frei Agostinho de Jesus, em Santana de Parnaíba - SP
(Reprodução)

III

O Vale do Paraíba: o caminho para as minas

Os habitantes primitivos do Vale do Paraíba eram os índios puris, que viviam entre a Serra do Mar e a da Mantiqueira. No final do século XVI, a presença deles era escassa. Há registros, desde meados do século XVI, também, da presença de índios tamoios no Vale do Paraíba.[1] Confederados com os tamoios do litoral, era sempre uma ameaça à Vila de São Paulo de Piratininga. O próprio José de Anchieta

[1] José Luiz Pasin, "Os primitivos habitantes do Vale do Paraíba", em Informe do Instituto de Estudos ValeParaibanos/125, fevereiro de 2001. Vale a pena ressaltar que, para um estudo do Vale do Paraíba, destaca-se a fundação do Instituto de Estudos ValeParaibanos, em 30 de junho de 1973, em Guaratinguetá. Compôs a primeira diretoria: José Luiz Pasin, Francisco Sodero, Thereza Maia entre outros.

nos dá informação sobre as atividades dos primeiros habitantes da região.[2]

João Ramalho dera início ao bandeirantismo paulista atacando os índios do Paraíba e fazendo grande número de prisioneiros. Os paulistas, isolados no planalto, sem meios de comunicação com o porto de São Vicente, buscaram no sertão a sua sobrevivência econômica. Os engenhos de açúcar do litoral necessitavam de braços para as lavouras de cana, e, com isso, os paulistas saíram à caça de índios, embrenhando-se pelo Vale do Paraíba. No século XVII, bandeirantes passaram pela região rumo a Minas, tais como Fernão Dias Pais e Lourenço Castanho Taques, por volta de 1670. Fernão Dias, com a chamada bandeira esmeraldina, saiu de São Paulo, acompanhando o curso do Rio Tietê, e chegou ao Rio Paraíba do Sul. Descendo o Paraíba, passou pelas Vilas das atuais cidades de Taubaté, Pindamonhangaba, Guaratinguetá atingindo a Mantiqueira, atravessando as escarpas do Embaú. Penetrando no sul de Minas, na região de Passa Quatro, Pouso Alto e Baependi, atravessou o vale do Alto Rio Verde e, mais adiante, alcançou o rio Grande para atingir Ibituruna, já nas proximidades do Rio das Mortes.

---

[2] Cf. Seraphim Leite, *Cartas dos Primeiros Jesuítas do Brasil*, Vol. III, Editora Comissão do IV Centenário, São Paulo, 1954, p. 551-552.

Nessa ocasião das passagens das bandeiras, o Vale do Paraíba já era povoado. Desde 1628, o capitão-mor João de Moura, em nome da Condessa de Vimieiro, donatária da capitania de Itanhaém, concedeu a Jacques Félix e seus filhos "datas de terras" no sertão da Paraíba. A Vila de São Francisco das Chagas de Taubaté constituiu o primeiro núcleo urbano, oficialmente conhecido e povoado na região vale-paraibana.

O Rio Paraíba do Sul foi o caminho natural de penetração e comunicação, utilizado pelos índios, pelas bandeiras apresadoras, pelos sertanistas, pelos aventureiros e pelas entradas oficiais. À margem direita do rio, foram surgindo os primeiros ranchos, as primeiras capelas, as primeiras povoações, as primeiras vilas: Taubaté, Guaratinguetá, Jacareí e Pindamonhangaba. Para o litoral, os caminhos acompanhavam as trilhas indígenas, a "trilha dos Goianás", do porto de Guaratinguetá, transpondo a serra do Mar, indo desembocar em Parati.[3] E a "trilha dos Tamoios" da vila de Taubaté em direção ao porto de Ubatuba.[4]

---

[3] Cf. Francisco Sodero Toledo, "Caminho do ouro e capelas coloniais", palestra no XX Simpósio de História do Vale do Paraíba, em Cruzeiro, 2006, www.valedoparaíba.com/artigos. Acessado em 25 de agosto de 2016.

[4] Cf. José Luiz Pasin, *Algumas notas para a História do Vale do Paraíba – desbravamento e povoamento*, Conselho Estadual de Cultura, São Paulo, 1977.

Havia também os dois caminhos, do Rio de Janeiro para Minas e de São Paulo para Minas. O primeiro saía do Rio, Parati, Taubaté, Pindamonhangaba, Guaratinguetá transpondo a Serra da Mantiqueira até o Rio das Velhas. Foi denominado de Caminho Velho. Em 1700, foi aberta uma nova rota, chamada de caminho novo, [estrada real 1707] que saía do Rio de Janeiro, em direção a Juiz de Fora até Ouro Preto. Fernão Dias, com sua bandeira, fez o caminho de São Paulo, Vale do Paraíba para chegar a Minas Gerais.

O Vale do Paraíba era local de passagem. Caminho de índios, bandeirantes, sertanistas, missionários, riquezas e esperanças. No dizer de Percival Tirapeli, no Vale do Paraíba repetia um drama: "as estradas que carregavam riquezas possuíam atalhos que disseminavam miséria".[5] Foi numa situação parecida a esta que o Conde de Assumar entrou para a história. Foi sua passagem pelo Vale, a caminho de pacificar a fonte das riquezas, que o mistério de Deus se revelou na pobreza de três pescadores. Não apenas os três pescadores eram pobres; "sem riquezas, o povo vale-paraibano deixou-se contagiar pela miséria generalizada da gente paulista que sobrevivia nas franjas do sistema

---

[5] Percival Tirapeli, *Arquitetura e urbanismo no Vale do Paraíba – do colonial ao eclético*, Editora Unesp, São Paulo, 2014, p. 23.

colonial".[6] O Vale passou a fornecer bens de consumo para os garimpeiros nessa ocasião da viagem do Conde de Assumar.

A história registra a necessidade que a coroa portuguesa sentia de nomear um novo Governador para a Capitania de São Paulo e Minas Gerais, devido ao receio de escapar o controle sobre as minas de ouro. Saindo dos livros históricos, ilustramos aquele momento, com uma descrição da neta de Ruy Barbosa, publicada no "Ecos Marianos", dos Missionários Redentoristas.

> Ainda repercutiam na Colônia do Brasil os ecos cruéis da Guerra dos Emboabas, quando o vencedor dos paulistas, o português Manuel Nunes Viana, poderoso como um rei, desafiando governadores, retirava-se, altivo, para o sertão além das barrancas do São Francisco. [...] Marcas sanguinolentas sulcavam aquele solo pelo pico do Itacolomi, que orientara a bandeira de Antônio Dias e as levas subsequentes de desbravadores e aventureiros. De todo o Brasil e de Portugal, avalanches humanas se precipitavam sobre as vilas recém-surgidas de Nossa Senhora do Carmo, Nossa Senhora da Conceição de Sabará e Nossa Senhora do Pilar de Ouro Preto. Elas haviam brotado entre os servos, à margem dos córregos, sob o signo do ouro, das contendas, do sofrimento, da morte, mas também, sempre, sob uma das invocações da Mãe de Deus.

[6] Cláudio Bertolli Filho, "Entre o regional e o nacional: o Vale em questão", in: *Vale do Paraíba – Política e Sociedade*, Vale Livros, Aparecida, 1993, p. 26.

Nas regiões auríferas das Minas Gerais, assassínios, traições, levantes, contendas dividiam brancos e mestiços. A escravidão submetia aos colonos, sob o chicote e as correntes, ao par do índio, já tão dizimado, o negro trabalhador caçado em África. De tudo isso a coroa deveria tirar seu partido. O melhor de todos. Porque não a inquieta e rebelde gente daqueles serros poderiam aproveitar os melhores quinhões das riquezas, mas a El Rey, onipresente em toda a sua colônia, pelas leis, ordenanças e prepostos. A ele o quinhão mais considerável, que lhe seria entregue, sob a guarda das frotas inglesas, livre de todos os encargos e penas de sua obtenção.
Assim era e assim se procuraria que fosse cada vez mais. Pesando as agitações e rivalidades dominantes e incontroláveis no teatro de mineração recém-descoberto, o controle do ouro em pó que lhe escapava ao fisco, resolvera a Coroa substituir, no governo da Capitania de São Paulo e Minas Gerais, a figura um tanto conciliadora de Dom Braz Baltazar da Silveira, por um punho de ferro, um coração de astúcia. Assim, naquele mês de julho de 1717, aproximava-se das costas brasileiras o homem que, indicado pelo Conselho Ultramarino e nomeado por Dom João V, reduziria à obediência os inquietos mineradores e os ricos chefes coloniais: Dom Pedro Miguel de Almeida Portugal e Vasconcelos.[7]

[7] Cf. "Ecos Marianos", edição de 1971, p. 96-112. Artigo de Lucila Baptista Pereira, com o título: "Uma luz na treva". O editor, Padre Carlos Augusto, não diz se essa história publicada pelo "Ecos Marianos" tenha sido editada em outra obra. Depois de comentar o uso de documentos referentes ao período histórico da passagem do Conde de Assumar por Guaratinguetá, o editor faz um comentário interpretando o encontro da imagem. "Deus tem liberdade de ensinar seu Evangelho tanto aos sábios e teólogos como ao povo simples, rude, espontâneo e crédulo. Estes últimos, às vezes, compreendem-no melhor. Creio que a imagenzinha de barro, pequenina, quebrada e negra, foi o recurso que Deus usou para ensinar ao povo brasileiro a principal das lições evangélicas:

Por ocasião do segundo centenário do encontro da imagem, temos uma série de artigos publicados no Jornal "Santuário de Aparecida". Naquela ocasião, quem escreveu foi Brasílio Machado, estudioso, advogado e político. Ele tinha sido governador da Província do Paraná no período imperial. Desde 1904, ocasião da coroação, o Sr. Brasílio se dedicava à pesquisa para a história da imagem. Ele reportou o tema da viagem do Conde de Assumar e do encontro da imagem.

Dom Pedro de Almeida, quando veio para o Brasil, ainda não tinha o título de Conde de Assumar, que o recebeu pelos seus serviços prestados à Coroa em 1718, por decreto de Dom João V.[8] Dom Pedro de Almeida saiu de Lisboa em abril de 1717. Chegou ao Rio de Janeiro em meados de junho. Do Rio seguiu para São Paulo, onde tomou posse no começo de setembro. Depois seguiu para Minas pelo Vale do Paraíba.[9]

---

o amor e o respeito pelo próximo. O ódio, a violência e a opressão entre as raças foram substituídos pela igualdade de direitos." Depois de mais de 250 anos do encontro, essa interpretação era pacífica, de modo especial para aqueles que conduziam o culto de veneração à Imaculada Conceição por meio da imagem encontrada.

[8] Cf. Jornal "Santuário de Aparecida", ano XVII, dezembro de 1916 e janeiro e fevereiro de 1917. São seis artigos em que o autor discorre o fato histórico do achado da Imagem, o contexto histórico e revela uma série de pesquisa documental. Jornal no Arquivo Redentorista de São Paulo.

[9] Cf. José Luiz Pasin, *Vale do Paraíba – a estrada real, caminhos e roteiros*, Unisal, Lorena, 2004. O autor descreve o roteiro do Conde de Assumar e outras personalidades como Fernão Dias, Governador Arthur de Sá e Menezes, Frei Agostinho de Santa Maria entre outros.

Quando o vigário de Guaratinguetá escreveu ao Bispo do Rio de Janeiro para construir uma capela, em 1743, ele falou que a passagem do Conde de Assumar teria sido em 1719. Esse erro de datação perdurou-se por muito tempo. Foi o próprio escritor citado - Brasílio Machado - em pesquisas no Arquivo Municipal de São Paulo, que desfez o erro de datação, em que está registrado que Dom Pedro de Almeida tomou posse da Capitania em quatro de setembro de 1717.[10]

Em 1939, uma fonte histórica de primeira mão veio confirmar a data de 1717. A Revista do Serviço do Patrimônio Histórico e Artístico Nacional publicou o "Diário de Jornada do Conde de Assumar", um precioso manuscrito descoberto em Arquivo em Lisboa.[11] Dom Pedro e comitiva desembarcaram no Rio de Janeiro e ele ficou hospedado na Fazenda Santa Cruz, dos Jesuítas. Do Rio, ele e comitiva foram para Parati. Em Parati, Dom Pedro deu ordens para separar a bagagem que deveria subir a serra em direção ao Vale do Paraíba. Ele continuou pelo litoral até Santos e de lá para São Paulo, onde tomou posse na igreja de Nossa Senhora do Carmo.

---

[10] Cf. Brasílio Machado, "Contribuição para uma data histórica", Editora Escolas Salesianas, São Paulo, 1909.

[11] Estamos consultando a edição do Diário, publicado in: Rubem Queiroz e M. J. Távora, *Um comerciante do século XVIII: Domingos Rodrigues Cobra, procurador do Conde de Assumar*, Ed. Athalaia, 1999, p. 183-221. O Diário, publicado na íntegra, está como apêndice do livro citado.

Em sua viagem de São Paulo para Minas, passou por Mogi das Cruzes, Jacareí, Taubaté onde ficou até o dia doze de outubro. Saiu de Taubaté e descansou em uma fazenda em Pindamonhangaba. Chegou a Guaratinguetá no dia dezessete de outubro e ali ficou até o dia trinta, porque sua bagagem não havia chegado de Parati. O caminho – Caminho Velho –, a então trilha dos Guaianás, era íngreme e de difícil acesso, ao menos até a futura Freguesia de Nossa Senhora da Conceição do Facão.[12]

Como o Governador ficou mais de quinze dias na Vila de Santo Antônio de Guaratinguetá, é difícil precisar o dia do encontro da imagem. Sabemos que partiu de Pindamonhangaba, mas parou no sítio de Antônio Cabral Paulista, onde pernoitou. Esse sítio, distante duas léguas do morro dos Coqueiros, ficava na atual cidade de Roseira. Nele, na capela do Rosário, de manhã, depois de assistir à missa – um domingo, dia dezessete de outubro –, partiu para Guaratinguetá onde foi recebido com duas companhias de Infantaria.[13] Com certeza, não somente os três pescadores

---

[12] Para um estudo mais detalhado veja: João J. de O. Veloso, *A História de Cunha 1600-2010 – Freguesia do Facão, a rota da exploração das minas e abastecimento de tropas*, Centro de Cultura e Tradição de Cunha, Cunha, 2010.

[13] Cf. Conceição Borges R. Camargo, em artigo no Almanaque "Ecos Marianos", Aparecida, 1966.

entraram para a história, mas também outros tantos que estavam pescando por ordem do Senado e da Câmara Municipal, pois precisavam oferecer peixe à mesa do Governador. Os peixes seriam para os dois dias de abstinência (22 e 23 de outubro, respectivamente, sexta-feira e sábado).[14] E para garantir peixe para a Câmara - convidados, autoridades... - nesses dias de abstinência, o melhor dia e a melhor hora para a pesca seria ao entardecer da quinta-feira do dia 21 de outubro de 1717, dia que julgamos o mais provável para o encontro da sagrada e venerada imagem.[15]

O Governador Antônio de Albuquerque, quando passou por Guaratinguetá, não teve boa impressão dos habitantes. Dom Pedro de Almeida foi recebido com festa pela Câmara, com duas companhias de Infanta-

[14] Sendo o Governador fiel observador dos preceitos religiosos, sexta-feira e sábado eram dias de abstinência de carne. Havia apenas dez anos que fora publicada as *Constituições Primeiras do Arcebispado da Bahia*, em 1707, em que os cânones 373, 406 e 408 recomendavam observância fiel quanto a esses preceitos.

[15] Cf. Artigo de Padre Juvenal Martins na Revista "Ave-Maria", em 15 de outubro de 1967. No Arquivo Redentorista de São Paulo (ARSP). Há outras hipóteses que falam do encontro da imagem no dia 17 de outubro, no dia da chegada do Governador, num domingo. Pois o banquete que a Câmara ofereceu teria sido para a chegada, no sábado. Mas o Governador só chegou no domingo por volta do meio-dia. Teria os pescadores trabalhado no domingo? Não teriam o tempo necessário para fazer chegar os peixes preparados para o almoço de domingo. Ou teriam pescado no sábado? Portanto, a data presumível para o encontro está entre 17 e 21 de outubro de 1717.

ria, uma de filhos da terra e outra de reinós, a maioria soldados e marabutos.[16] Mas observou, em seu diário, que: os naturais são tão violentos e assassinos que raro não ter tido morte e que no ano anterior houve dezesseis assassinatos.[17] Na introdução de uma obra aqui citada, em que foram compilados documentos que registravam as visitas importantes que passaram por Guaratinguetá, o autor assim a descreve.

> Guará, Guaratinguetá, Guaratinguita, Guirantiguita, Goratinguetá – uma das vilas e mais vilas da antiga capitania de São Vicente. Fundada em 1651, por Domingos Luiz Leme e outros sertanistas que adentraram os sertões do rio Paraíba, em busca de índios, movidos pelo espírito milenar da aventura, da cobiça, da conquista. Encravada numa encruzilhada de "trilhas e caminhos", constitui-se em passagem obrigatória para todos que, aportando em Paraty, buscavam os "sertões das Gerais". Mapas e roteiros do século XVIII assinalam a pequena vila de Santo Antônio de Guaratinguetá, apontando o rumo da Mantiqueira, da Freguesia do Facão ou de São Sebastião do Rio de Janeiro, além de Guaypacaré, pelo "caminho novo", rasgando o vale do paraíba fluminense, semeando novas vilas e povoados, abrindo fazendas de café e engenhos de açúcar. Vila pequena, pobre, mas produzindo o bastante para abastecer a sua gente e as vendas de "beira de estrada", com milho, feijão, arroz, açúcar, fumo, algodão, azeite de mamona, banha de porco, marmelada.

[16] Alcunha depreciativa com que os brasileiros se referiam aos portugueses.
[17] Cf. op. cit., Diário de viagem, p. 211.

> Testemunha participante da guerra dos emboabas, das lutas entre paulistas e forasteiros pela posse das minas, da passagem do Conde de Assumar e de outras autoridades gradas da metrópole, orgulhosa dos seus territórios e da sua população mameluca. Com a decadência das minas, na segunda metade do século XVIII, Guaratinguetá concentra sua produção na cana-de-açúcar e nas águas ardentes, exportando em lombo de mulas para o porto de Paraty, por meio do velho caminho dos "Goianás".[18]

O rio que banha Guaratinguetá, o Paraíba do Sul, nas tantas curvas que, em determinado local e tempo, os três pescadores encontraram a imagem da Virgem da Conceição, foi cantado em versos e prosa.[19] Monsenhor Paulo Florêncio Camargo, na sua obra sobre a Igreja na História de São Paulo, ao falar de Aparecida, dá-nos um ótimo relato sobre o Rio Paraíba do Sul. Citando a obra "Coreografia Brasílica", do Padre Aires Casal, em que ele afirma que o Rio Paraíba do Sul tem princípio numa pequena lagoa sobre a porção meridional da Serra da Bocaina, ao norte de Parati. Corre primeiro com o nome de Piratininga ao longo da serra

---

[18] José Luiz Pasin, *Guaratinguetá – tempo e memória*, Coedição Secretaria de Estado da Cultura e Comissão de Geografia e História, São Paulo, 1983, p. 9-10.

[19] Romualdo Pelaquim, "O milagre das Águas", Editora Santuário, Aparecida, 1986. Peça teatral e musical descrevendo a história do encontro da Imagem e o desenvolvimento do culto a Nossa Senhora Aparecida.

que se prolonga com o oceano, rumo a sudoeste. Entra no Estado de São Paulo, recolhe a ribeira do Jacuí e o rio Paraibuna, que sai da serra de Ubatuba. Nessa confluência tem o nome de Paraíba. Aproxima-se do mar e volta para o nordeste ao longo da serra de Itapeva e da cidade de Jacareí. Depois inclina para leste e sudeste e rega as cidades de Taubaté, Pindamonhangaba, Guaratinguetá e Lorena. Torna a entrar no Estado do Rio, banha a cidade de Resende, inclina-se para o nordeste, recolhe o rio Piraí, e muitas léguas abaixo, correndo já à leste, recebe pela margem esquerda o rio Paraibuna, que é seu maior confluente, e, pela direita, o mencionado Piabanha. Designa-se essa paragem de Três Rios. Dez léguas abaixo, já no Estado de Minas Gerais, recolhe o rio da Pomba e, adiante, o rio das Bengalas, que traz consigo vários outros. Segue-se a cachoeira São Fidelis...[20]

[20] Paulo F. da S. Camargo, *A Igreja na História de São Paulo (1676-1745)*, vol. III, São Paulo, 1953, p. 214-215.

O chamado Caminho Velho, ou Caminho do Ouro, era uma das vias que dava acesso à região das Minas Gerais, à época do Brasil Colônia

Representação da Vila de Taubaté, no início do século XVIII
(Arte Paulo Camilher Florençano - Acervo DMPAH)

Vila de Santo Antônio de Guaratinguetá, em 1817
(Aquarela de Thomas Ender)

IV

Três pescadores e a Imagem da santa

Até aqui, a narrativa vem nos situando, serpenteando, como o Rio Paraíba do Sul. E os pescadores? Estes três pescadores – João Alves, Domingos Garcia e Filipe Pedroso –, entre tantos outros que atenderam às determinações da Câmara, indo à pesca para banquetear o Conde de Assumar, eram amigos ou parentes? Pesquisas posteriores em seus registros de batismos, casamentos e óbitos revelam que eram parentes. A fonte reveladora desse parentesco, de 1757, é um vigário de Guaratinguetá, que transcreveu os registros do Padre José Alves Vilela, feitos uns dez anos antes. Em anotações sobre a Irmandade da capela de Nossa Senhora Aparecida, em Guaratinguetá, por volta de 1725, quando assumiu a paróquia, Padre Vilela escreveu Domingos *Alves* Garcia e João *Alves*, sendo o sobrenome, Alves, comum aos dois pescadores.[1]

Nos outros documentos conservados na Paróquia de Santo Antônio de Guaratinguetá e, posteriormente, na Cúria Metropolitana de Aparecida, lê-se em manuscrito: "a imagem em poder da mãe Silvana da Rocha"; isso faria Silvana a mãe de um dos pescadores.[2] E documentos asseveram ser a mãe de João Alves. Ao que parece, João Alves seria o jovem filho do velho pescador Domingos Alves Garcia, casado com Silvana da Rocha, irmã de Filipe Pedroso, pois a imagem conservou-se vinte e cinco anos entre eles como herança de família.

> Segundo documentos, a imagem tirada, por redes, das águas do Rio Paraíba, pelo pescador João Alves e seus companheiros Filipe Pedroso e Domingos Garcia, ficou por seis anos na casa de Filipe Pedroso, residente em terras próximas ao ribeirão que depois seria denominado do Sá, visto que essas terras tornar-se-iam pro-

---

[1] Informação fornecida pelo Monsenhor Paulo Florêncio, em seu terceiro volume da obra citada, na página 215. No entanto, na transcrição do encontro da imagem, também de 1757, Padre João de Morais escreve Domingos Martins Garcia.

[2] Livro da Instituição da Capela de Nossa Senhora da Conceição Aparecida, 1750, cópia feita em 1895. Também: Coletânea de Documentos e Crônicas da Capela de Nossa Senhora Aparecida 1782-1981, vol. II, Aparecida, 1981. No Arquivo da Cúria Metropolitana de Aparecida e no Arquivo Redentorista de São Paulo.

> priedade de Lourenço de Sá, português, nascido por volta de 1697 e falecido em 1763. Mais tarde, por cerca de nove anos (1723 a 1732), a imagem vai para a Ponte Alta, onde residia a família de Filipe Pedroso. Residindo, posteriormente, no Itaguaçu, Filipe Pedroso, que era casado com Verônica da Silva, doou a imagem para seu filho Atanásio Pedroso, que deve ter sido casado duas vezes, pois, em dois documentos de batismo, aparecem seus filhos: o primeiro, João, filho de Atanásio e de Rosa Maria, em 1720, e o segundo, José, filho de Atanásio com Maria Siqueira, batizado em 1745. No Itaguaçu, fora construído um oratório e um altar de paus, onde foi colocada a imagem. Aos sábados, pessoas vizinhas vinham cantar o terço e fazer outras orações.[3]

Mas e o encontro da imagem? O registro que relata o achado da imagem e nos conta sobre ele é o de 1757. Pode ter sido uma transcrição de outro documento ou manuscrito do vigário de Guaratinguetá, Padre José Vilela. Quem anotou no Livro do Tombo foi o Padre Dr. João de Morais e Aguiar. Não temos o documento ou manuscrito do Padre Vilela, pois, quando ele era vigário de Guaratinguetá, o Vale do Paraíba pertencia à Diocese do Rio de Janeiro. Quando foi criada a Diocese de São Paulo, em 1745, o bispo, Dom Frei Antônio da Madre de Deus Galvão, determinou que todas as paróquias ti-

[3] Benedicto Lourenço Barbosa, *Nossas Origens – três séculos de História de Aparecida, do povoamento a capela (1645-1745)*, vol. I, edição do autor, Aparecida, 2008, 43.

vessem um livro de registros, ou melhor, um Livro do Tombo, em que pudessem ser anotadas as notícias e transcritos os documentos emanados pelas autoridades diocesanas a serem consultados nas matrizes e capelas.

O primeiro Livro do Tombo da Paróquia de Santo Antônio de Guaratinguetá foi aberto e rubricado pelo visitador diocesano Padre Antônio de Medeiros Pereira, em 1757. O padre, ao relatar o histórico das capelas filiais, falou sobre o achado da imagem. Escreveu que Padre José Alves Vilela assumiu a paróquia de Guaratinguetá em 1725, portanto oito anos após o encontro da imagem. Ele conhecia as famílias dos pescadores e batizou um dos netos de Filipe Pedroso em 1745.[4] Ainda que a paróquia do Padre Vilela não tivesse, naquela ocasião, um Livro do Tombo, com certeza ele fez algumas anotações, que serviram ao Padre João de Morais, pois as Constituições Primeiras do Arcebispado da Bahia (1707) recomendavam que se fizesse, por escrito, um relatório de fatos extraordinários nas capelas e freguesias.

O documento de 1757 mostra a necessidade de peixes para a mesa do Governador, a pesca milagrosa, o culto inicial nas casas dos pescadores e um oratório para a imagem.

---

[4] I Livro de Batizados da Paróquia de Santo Antônio de Guaratinguetá, fls. 52. No Arquivo da Cúria Metropolitana de Aparecida.

Entre muitos que foram a pescar, Domingos Martins Garcia, João Alves e Filipe Pedroso com suas canoas. E, principiando a lançar suas redes no Porto de José Corrêa Leite, continuaram até o Porto de Itaguaçu, distância bastante, sem tirar peixe algum. E lançando neste porto, João Alves, a sua rede de rasto, tirou o corpo da Senhora, sem cabeça; lançando mais abaixo outra vez a rede tirou a cabeça da mesma Senhora, não se sabendo nunca quem ali a lançasse. Guardou o inventor esta imagem em um tal ou qual pano, e continuando a pescaria, não tendo até então tomado peixe algum, dali por diante foi tão copiosa a pescaria em poucos lanços, que receoso, e os companheiros de naufragarem pelo muito peixe que tinham nas canoas, retiraram-se a suas vivendas, admirados desse sucesso.

Filipe Pedroso conservou essa Imagem seis anos e pouco ou mais ou menos em sua casa junto a Lourenço de Sá; e passando para a Ponte Alta, ali conservou em sua casa nove anos pouco ou mais ou menos. Daqui se passou a morar em Itaguaçu, onde deu a Imagem a seu filho Atanásio Pedroso, o qual lhe fez um oratório tal e qual, e, em um altar de paus, colocou a Senhora, onde todos os sábados se ajuntava a vizinhança a cantar o terço e mais as devoções. Em uma dessas ocasiões se apagaram duas luzes de cera da terra repentinamente, que alumiavam a Senhora, estando a noite serena, e querendo logo Silvana da Rocha acender as luzes apagadas também se viram logo de repente acesas sem intervir diligência alguma: foi esse o primeiro prodígio, e depois, em outra semelhante ocasião, viram muitos tremores no nicho e no altar da Senhora, que parecia cair a Senhora, e as luzes trêmulas, estando a noite serena.

Em outra semelhante ocasião, em uma sexta-feira para o sábado (o que sucedeu várias vezes), juntando-se algumas pessoas para cantarem o terço, estando a Senhora em poder da Mãe Silvana da Rocha, guardada em uma caixa ou baú velho, ouviram dentro da caixa muito estrondo,

> muitas pessoas, das quais se foi dilatando a fama até que, patenteando-se muitos prodígios que a Senhora fazia, foi crescendo a fé e dilatando-se a notícia, e, chegando ao R. Vigário José Alves Vilela, este e outros devotos lhe edificaram uma capelinha e depois, demolida esta, edificaram no lugar em que hoje está com grandeza e fervor dos devotos, com cujas esmolas tem chegado ao estado em que de presente está. Os prodígios desta Imagem foram autenticados por testemunhas que se acham no Sumário sem Sentença, e ainda continua a Senhora com seus prodígios, acudindo à sua Santa Casa romeiros de partes muito distantes a gratificar os benefícios recebidos dessa Senhora.[5]

No início da nossa narrativa vimos a importância dos escultores sacros na difusão da devoção aos santos no Brasil colonial. Os religiosos, de modo especial os Franciscanos[6] e os Beneditinos aqui referidos, deram grande contribuição, para não dizer que foram eles os maiores benfeitores da arte e devoção do Brasil colonial. Com seus artistas, destacando o Frei Agostinho de Jesus e a confecção de tantas imagens de Nossa Senhora da Conceição, podemos concluir que essa imagem encontrada nas águas do Paraíba do Sul, em outubro de 1717, tenha sido obra de suas mãos. Ainda que não tenhamos

[5] I Livro do Tombo da Paróquia de Santo Antônio de Guaratinguetá, fl 98v e 99. No Arquivo da Cúria Metropolitana de Aparecida (ACMA).

[6] Cf. Dalton Sala, in: op. cit., p. 26: "Considerando-se a tradição franciscana do barro, já em Portugal, não é de descartar a hipótese (a se comprovar documentalmente) de que foram os franciscanos os primeiros a exercer o ofício de moldar imagens em barro nas terras vicentinas do Brasil".

detido em pormenores no estudo da arte seiscentista da imaginária de barro paulista, acenamos com indicações que nos levam a acreditar ser a imagem encontrada nas águas feita pelo Frei Agostinho de Jesus.[7]

> Observa-se nas imagens desse autor, muito menos renascentista que o seu mestre monge, características típicas no formato de rostos e mãos, roupagens e mantos, as mesmas zonas triangulares, as mesmas pregas. Suas santas geralmente estão na mesma posição, apesar de o tamanho variar, e as volutas, anjos e asas das bases, na forma evocativa do M de Maria são tão peculiares que logo saltam à vista de quem examina. [...] Portanto, pelo estudo comparativo da imagem de Nossa Senhora Aparecida, com tantas outras imagens célebres do século XVII, em diversas igrejas de São Paulo, chega-se à conclusão de terem a mesma procedência: Frei Agostinho de Jesus.[8]

Para se chegar às descrições pormenorizadas sobre a imagem, é interessante ressaltar que análises foram feitas após estudos e restaurações. A primeira remodelação foi feita em 1946, colocando uma cabeleira para ajudar a segurar a cabeça unida ao tronco, pois, quando a imagem

[7] Eduardo Etzel, *Imagens religiosas de São Paulo: apreciação histórica*, Ed, Melhoramentos/USP, São Paulo, 1971. Um dos trabalhos mais completos sobre imaginária sacra, com pesquisa e profundidade.

[8] Renato de Francisco, em artigo publicado no Jornal "Santuário de Aparecida", em 6 de outubro de 1968. Padre Renato serviu das conclusões do palestrante Dr. Pedro de Oliveira Ribeiro Neto, em Aparecida, no ano de 1967.

fora encontrada, as partes estavam separadas.[9] Depois foram feitos mais alguns reparos, mas sem afetar a estrutura da imagem, como uma intervenção de um Padre Redentorista, em 1950. A segunda foi, não só restauração, mas também recomposição, em 1978, depois de um atentado, no qual a imagem sofreu sérios danos. Quanto aos estudos, por ocasião dos 250 anos do encontro, Pedro de Oliveira Ribeiro fez uma descrição da imagem em palestra proferida, como fizemos alusão. Também o monge beneditino, Dom Paulo Lachenmayer, do Mosteiro de Salvador, escrevendo ao Bispo Dom Antônio Ferreira de Macedo, falava da originalidade da imagem.[10]

A imagem de Nossa Senhora da Conceição Aparecida mede 36 cm de altura sem o pedestal e pesa 2,550 kg. É de terracota. Originalmente policromada,

---

[9] Paulo Seabra, *Retrato de Nossa Senhora*, Vozes, Petrópolis, 1954, p. 48. "O véu sobre a cabeça está desfigurado, parecendo que numa das sucessivas e piedosas tentativas de consolidar a emenda da imagem, foi transformado em cabelos soltos, pois subsiste, nítido e só assim compreensível, o vestígio da cabeleira presa sobre a orelha".

[10] Carta de Dom Paulo Lachenmayer a Dom Antônio F. de Macedo, em 1979. No ACMA, in: *Coletânea de Documentos e Crônicas da Capela de N. Sra. Aparecida*, vol. II. Dom Paulo tinha conhecimento e estudava a questão, desde 1960, sobre a imagem ser de Frei Agostinho de Jesus. E, em 1971, Dom Clemente publicou o seu estudo sobre os dois Agostinhos, o da Piedade e o de Jesus. Vejamos um trecho da carta de Dom Paulo. "Ao ver uma cópia da Imagem de Nossa Senhora Aparecida, fiquei como que hipnotizado; senti que estava diante de uma obra de Frei Agostinho de Jesus tal a evidência de seus traços e estilo. Há dezenove anos – desde 1960 – guardei para mim essa descoberta, que agora achei oportuno revelar."

tez branca do rosto e das mãos, com manto azul escuro e forro vermelho granada. Eram as cores oficiais conforme determinação de Dom João IV, quando, em 1646, proclamou Nossa Senhora da Conceição como padroeira de Portugal e terras além mar. Não se sabe o tempo que esteve submersa no rio Paraíba. Depois da fumaça de velas na casa dos familiares dos pescadores, no oratório doméstico ou na capelinha no porto de Itaguaçu, a imagem adquiriu um colorido diferente: castanho brilhante. Outros detalhes vimos na citação de Pedro de Oliveira Ribeiro.[11]

---

[11] Cf. João C. Machado, op. cit., p. 48-49: Compilação tirada da palestra de Dr. Pedro Oliveira. "Outros detalhes: forma sorridente dos lábios, descobrindo os dentes da frente; forma do rosto, com o queixo encostado, no meio do qual há uma covinha; o penteado laborioso aparecido em duas pequenas tranças sobre as frontes, que se perdem na massa posterior do cabelo penteado, à moda de grande categoria social na época; as flores em relevo nos cabelos, bem como o relevo da gola caseada; o diadema na testa, na linha média, como um broche com três pérolas pendentes; o porte empinado da imagem que vista de perfil tem tendências a inclinar-se para trás, além do seu volume, de saias pregueadas embabando-se no chão; a perfeição das mãos postas, pequeninas e afiladas como as de uma menina, e as mangas simples e justas, de muito requinte, terminando no punho esquerdo dobrado; mãos postas e encostadas ao peito; mãos cheias e dedos unidos e voltados para o alto; o vestido de gola cavada com rendas arredondadas cai em pregas cobrindo-lhe os pés; o manto deixa aparecer quase toda a frente do vestido e é preso pelos antebraços da imagem; a queda e o pregueado do manto, assimétricos e rígidos, marcados em fortes triângulos ziguezagueantes; na cabeça, três flores de cinco pétalas. Uma na fronte com três pétalas e duas acima das orelhas e uma em cada ombro; cabelos abundantes, repartidos ao meio da fronte e caindo aos lados, sobre as orelhas e espáduas; a meia lua que lhe serve de pedestal deixa só ver as suas pontas arredondadas, pois o centro é tomado pela cabeça de um anjinho e suas asas abertas ao lado; quanto à policromia que se perdeu com os anos resta apenas sobre o barro paulista cinza claro, a pátina morena como um verniz criado pelo uso e pelo tempo."

O Cônego João Machado, na sua fundamental obra *Aparecida na História e na Literatura*, cita um comentário do Padre Antão Jorge Hechenblaicner. Padre Antão foi vigário e reitor em Aparecida por duas vezes (1927-1932 e 1950-1956), estando muito ligado aos acontecimentos sociais e políticos da cidade. Mostrou conhecimento sobre a história religiosa do povo brasileiro e interesse por ela, ainda que tenha nascido na Áustria. Padre Antão diz que a ciência física não pode explicar a captura de uma imagem daquele peso. "Segundo as leis naturais, só pode flutuar na água um corpo mais leve que a própria água. Ora, o peso da Imagem Milagrosa é de 4.350 gramas. Submergida na água desloca 2.240 gramas. Logo, pesa a Imagem quase duas vezes mais que a água, por isso, em vez de flutuar, devia afundar e, aos poucos, no fundo do rio cobrir-se de lodo".[12]

A Imagem, pelas leis naturais, poderia afundar-se aos poucos no rio e recobrir-se de lodo, impossibilitando a sua pesca. Não é natural que uma Imagem com esse peso possa ser colhida por redes. Sendo de barro, ainda que tenha sido queimada, como não dissolveu ou ficou deformada! Como encontrar a cabeça após outro lance de rede, pois segundo os primeiros relatos – aqui

[12] Cf. Jornal "Santuário de Aparecida", julho de 1954. No ARSP.

conta também tradição oral perpassada até o primeiro registro em 1757 – foi após a retirada do corpo da imagem que a cabeça fora encontrada. Os pescadores sentiram o peso na rede sem antes certificarem que era uma imagem, imaginando serem peixes...

Segundo Padre Júlio Brustoloni, dedicado pesquisador da história da imagem de Nossa Senhora Aparecida, há alguns detalhes que merecem ser recordados.

> O manto e a coroa foram colocados quando o culto à imagem se tornou público, não só para disfarçar a quebra do pescoço, mas também como um gesto de carinho e amor dos devotos. O pedestal de prata foi mandado colocar pelo pároco de Guaratinguetá, Cônego Benedito Teixeira da Silva Pinto, em 1875. A parte que se apoia a imagem traz a inscrição: Thesoureiro: FMM – Vigº: BTSP – 6 de março de 1875. Era tesoureiro na época o Sr. Francisco Marcondes Moura, e o Cônego Benedito Teixeira da Silva Pinto exercia o cargo de pároco de Guaratinguetá.[13]

Como foi a imagem parar no fundo do rio? Dom Antônio F. Macedo, em escrito sobre a imagem, faz a pergunta: quem teria colocado aquela imagem nas águas do Paraíba? "Talvez uma enchente houvera destruído alguma capelinha, e a corrente arrastado a

---

[13] Júlio J. Brustoloni, *História de Nossa Senhora da Conceição Aparecida – a imagem, o santuário e as romarias*, Santuário, Aparecida, 1ª edição, 1979, p. 18-19.

Imagem? Talvez na guerra com os Tamoios, a Imagem teria sido roubada e lançada ao rio? Ou então, algum devoto atirara no rio, porque estava quebrada? Não sabemos. Fica sempre um mistério!"[14] São dezenas de publicações em torno da história da Imagem, do desenvolvimento das romarias no contexto do catolicismo popular[15], da construção da basílica[16], da interpretação que faz referência à cor preta que a imagem, posteriormente, apresentou, fazendo paralelo com a escravidão negra[17]. Mas nenhuma até hoje pode afirmar como essa Imagem tenha ido parar no fundo do rio.

A guerra com os Tamoios é anterior à confecção da imagem pelo Frei Agostinho de Jesus. A força da correnteza em conseguir arrastar uma imagem... não pode ser! Mas há outras hipóteses e mesmo lendas. No documento de 1757, revela que não se sabia quem teria colocado a imagem no rio nem a procedência, o seu autor: "não se sabendo nunca que ali a lançasse!"

O caminho por nós percorrido, nas trilhas abertas pelos estudiosos, levam-nos a acreditar que a ima-

---

[14] Cf. Antônio F. de Macedo, *Em louvor da Padroeira do Brasil*, edição do autor, Aparecida, 1967.

[15] Cf. Alberto Beckhäuser, *Religiosidade e Piedade Popular, Santuários e Romarias – desafios litúrgicos pastorais*, Editora Vozes, Petrópolis, 2007.

[16] Cf. Christian D. Monteiro de Oliveira, *Basílica de Aparecida – um templo para a cidade-mãe*, Editora Olho d'água, São Paulo, 2001.

[17] Cf. Gilberto A. Angelozzi, *Aparecida – a Senhora dos esquecidos*, Editora Vozes, Petrópolis, 1997.

gem não foi confeccionada no Vale do Paraíba. Ainda que no século XVII havia certa difusão de imagens de Nossa Senhora da Conceição e imagens de barro, no Vale não era tradição levar as imagens ao forno para serem cozidas. "Em Taubaté, logo depois da fundação da vila, floriu também a cerâmica religiosa. Entretanto os seus artistas em geral não coziam as imagens, detalhe que até hoje é tradicional entre os ceramistas taubateanos, e a fragilidade disso resultante é a explicação de existirem atualmente poucas peças conhecidas na região".[18]

Conceição Borges Ribeiro, em 1952, fez publicar, numa revista dedicada ao folclore, a lenda de que a imagem de Nossa Senhora era de Jacareí. Fazenda, escravos... um deles modelou uma imagem de cor escura. Um dia esse escravo foi apanhado segurando a imagem. Como castigo, teve de jogá-la no rio.

Padre Valentim Mooser, em artigo publicado na "Revista Ave-Maria", descreveu o fato a partir de tradição oral de antigos moradores de Aparecida. Disse que numa fazenda em Roseira Velha, à beira do Rio Paraíba, havia uma capela com uma imagem de Nossa Senhora para veneração e para devoções dos escravos do lugar. A pequena capela ficava bem na ribanceira

---

[18] Pedro de O. Ribeiro, op. cit., p. 177.

do rio Paraíba. Certa vez, com uma cheia, a correnteza forte levou capela e imagem... até o dia providencial que os pescadores a encontraram.[19]

Contudo, vamos nos valer da palestra de Pedro de Oliveira Ribeiro, em 1967.

> É costume de tempos imemoriais, vindo da Europa, o de se colocar na água corrente, dos rios ou do mar, as imagens quebradas, como de se enterrarem restos irreparáveis de venerandas imagens. Em Itanhaém e Parnaíba, por exemplo, sabe-se que em poços cavados nas respectivas igrejas foram enterrados restos de várias imagens destruídas pelos anos ou por desabamento ocorrido no templo.
> Conhecemos imagens de Nossa Senhora da Conceição muito semelhantes à da Conceição Aparecida, em ponto menor, que foi encontrada no mar, em Parati, junto a determinadas pedras, onde fora lançada dez anos antes. A pedido de um colecionador, informado por pessoa da família à qual pertencera o objeto, um hábil mergulhador trouxe a imagem à tona, constatando-se então que com o rolar das águas a pequena imagem perdera também a policromia, tornando-se castanho escuro, como a de Aparecida, apesar da argila esbranquiçada em que fora modelada. Para completar a lembrança do fundo do mar, pequenas cracas e caramujos haviam-se agarrado à base da imagem, entre as asas e as cabeças dos serafins, onde estão até hoje certificado o feito.

[19] "Revista Ave-Maria", 1958. Uma versão interessante foi escrita em 1944, pelo Padre Francisco Maria Bueno de Sequeira, *Aparecida – uma novela sobre a história da imagem antes de ter sido encontrada no Rio Paraíba em 1717*, reeditada em 2016, Santuário, Aparecida, 2016.

Por esse motivo, não me parece aceitável a ideia de que a Virgem Conceição de Aparecida tenha sido lançada ao Rio Paraíba, segundo a lenda, em Jacareí, ou de acordo com outra versão, por uma família de santeiros de casa próxima ao rio. Para isso, de barro e pesada, a preciosa imagem não seria transportada pelas águas, a tanta distância, ainda mais justamente com a cabeça decepada, e o exemplo de Parati nos ensina que a imagem de barro atirada ao mar ali ficou, no mesmíssimo lugar, durante dez anos. Família de santeiros locais não faria uma imagem erudita, com tão requintados detalhes como as da aqui pescada prodigiosamente.
A imagem da Conceição Aparecida veio de longe, de outro local paulista, onde estivera no altar de alguma capela ou num oratório de próspera fazenda. Quem a lançou à água, por estar quebrada, talvez com lágrimas nos olhos, nunca pensaria que naquele simples gesto de renúncia estava fazendo um bem à humanidade, cedendo aos homens do mundo um imenso patrimônio de fé.[20]

Em 1725, Padre José Alves Vilela assumiu como vigário de Guaratinguetá. Em 1727, após dez anos do encontro da imagem, o Bispo do Rio de Janeiro passou pelo Vale do Paraíba, pois há registro de sua passagem no Livro do Tombo na paróquia de Pindamo-

[20] Pedro de O. Ribeiro Neto, "A imagem de N. Senhora Aparecida" in: *Jubileu de Ouro & Rosa de Ouro*, Aparecida, 1970, p. 185-186. O palestrante termina a sua fala dizendo: "A Celestial Padroeira do Brasil, Nossa Senhora da Conceição, aqui aparecida em sua imagem de terra da nossa terra, cubra de bênçãos o Brasil e guarde todos os brasileiros dentro de seu manto de esperança, de paz e de salvação".

nhangaba. Dom Frei Antônio de Guadalupe, OFM, não anotou nada no Livro do Tombo referente ao fato do achado da imagem. Com toda a certeza, ele passou por Guaratinguetá e ouviu o relato sobre a pesca da imagem, acontecida dez anos antes. A imagem "Aparecida" se encontrava, naquela ocasião, na casa de Filipe Pedroso, que morava na Ponte Alta, hoje bairro da cidade de Aparecida. Esse mesmo bispo confirmou a indicação do Padre Vilela para vigário de Guaratinguetá, pois ele assumiu a diocese do Rio de Janeiro em 1723. Padre Vilela atendia também, nessa época, a vila de Pindamonhangaba. Teria o bispo se interessado em ir visitar a imagem "aparecida"?[21]

A história da devoção mariana, por meio do culto à Imaculada Conceição, que naqueles inícios passou a denominar-se Aparecida, cristalizava-se. Orações e cantos no oratório da santa, a santa da capela, a capela de Nossa Senhora da Conceição Aparecida. A imagem, que antes estava na casa dos familiares dos pescadores, passou a ser venerada num oratório no Porto de Itaguaçu, até o ano de 1745.

[21] Cf. Benedicto L. Barbosa, *Nossas origens*, op. cit., vol I, p. 43.

Representação artística da pesca milagrosa
(Pintura de Beto Leite - CDM Santuário Nacional)

Representação artística da pesca milagrosa, Museu de Cera Nossa Senhora Aparecida
(Foto: Wilson Silvaston - Divulgação)

Encenação da pesca da imagem durante celebração no Santuário Nacional
(Foto: Gustavo Cabral - Acervo Santuário Nacional)

V

Uma capela para abrigar a Imagem e acolher os devotos

Em março de 1743, Padre Vilela fez um pedido ao Bispo do Rio de Janeiro para que a imagem fosse venerada em uma igreja maior que a então capelinha à beira do rio Paraíba, no Porto de Itaguaçu. No pedido, constava um relatório sobre a participação do povo do lugar e o aparecimento de pessoas que aportavam até o local fazendo suas romarias. Eis o pedido do Padre Vilela ao Bispo Dom João da Cruz.

> Diz o Padre José Alves Vilela, vigário da Igreja de Santo Antônio de Guaratinguetá, e os mais devotos de Nossa Senhora da Conceição Aparecida que, pelos muitos milagres que tem feito a dita Senhora a todos aqueles

> moradores, desejam erigir uma Capela com o título da mesma Senhora da Conceição Aparecida, no distrito da dita Freguesia, em lugar decente e público, por concorrerem muitos romeiros a visitar a dita Senhora da Conceição Aparecida, que se acha até agora em lugar pouco decente. Como os suplicantes não podem erigir a dita Capela sem especial licença de V. Excelência: Pedem a V. Excia. faça mercê mandar passar Provisão de Criação da dita Capela na forma do estilo. E receberão mercê.[1]

O pedido ao Bispo do Rio de Janeiro foi enviado para Minas Gerais, pois este estava em visita pastoral, e o portador foi encontrá-lo na Vila de Ribeirão do Carmo, atual Mariana. Em maio do mesmo ano, o Bispo deu aprovação com algumas recomendações sobre a construção da capela.

> Dom Frei João da Cruz, por mercê de Deus e da Santa Sé Apostólica, bispo do Rio de Janeiro e do Conselho de Sua Majestade e Senhor. Fazemos saber que atendendo nós assim por sua petição retro nos enviaram a dizer o Padre José Alves Vilela, vigário da Freguesia de Guaratinguetá, e os mais devotos de Nossa Senhora da Conceição Aparecida: Havemos por bem lhes conceder a licença, como pela presente nossa Provisão lhes concedemos para que possam edificar uma Capela com o título da mesma Senhora

---

[1] Cf. Documentos referentes ao pedido ao Bispo do Rio de Janeiro, sua aprovação, escrituras e outros referentes ao culto, devoção e romarias e outros mais, conservados na Cúria Metropolitana de Aparecida. Documentos transcritos em 1757 pelo Padre João de Morais Aguiar para o I Livro do Tombo da Paróquia de Santo Antônio de Guaratinguetá. No ACMP e cópia no ARSP.

da dita Freguesia, em lugar decente, designado pelo Revmo Pároco, e não será a dita Capela de pau a pique, mas de matéria durável, e depois de edificada e preparada com os ornamentos das quatro cores, cálice de prata e as mais coisas necessárias e feita a escritura do dote, recorrerão com petição a nós para mandarmos visitar e benzer, e esta Provisão será guardada para título da dita Capela. Dada nesta Vila do Ribeirão do Carmo sob o nosso sinal e selo de nossa Chancelaria aos cinco dias do mês de maio de 1743, e eu João de Oliveira Magalhães, Secretário de S. Excia. Revma. subscrevi.
Fr. João da Cruz, Bispo.

Esses documentos foram preservados e estão no Arquivo da Cúria Metropolitana de Aparecida (ACMA) sob o título "Autos da Ereção e Bênção da Capela de Nossa Senhora da Conceição Aparecida". O local escolhido para a edificação da capela foi o alto do Morro do Coqueiros. Como exigência do Bispo, era preciso não apenas escolher o local, mas ter posse da terra ou das terras onde seria edificada a capela. A capela deveria assegurar as condições para a sua manutenção.

A doação do Morro dos Coqueiros foi feita por Margarida Nunes Rangel, por escritura, em 23 de maio de 1744.

Foram doadas vinte e cinco braças de terras com trezentas braças de sertão. Domingos da Costa Paiva e sua mulher Fabiana Fernandes Teles doaram, por escritura

> pública aos dezesseis de maio de 1744, trinta braças de terras de testada partindo com Lourenço de Sá e Salvador da Mota correndo para o mato dentro. Lourenço de Sá e sua mulher Maria da Conceição ofereceram as terras que principiam no córrego da estrada para cima a contestar com terras de Margarida Nunes Rangel, correndo para cima até entestar com terras de Domingos da Costa, e vão terminar com o fim do morro que vem do mato dentro, por escritura de 23 de maio de 1744.[2]

Padre Vilela recebeu as terras tomando posse judicialmente delas e providenciou a construção da capela. Após a construção, outras doações foram registradas formando o patrimônio da capela ou da santa no dizer do povo. Em abril de 1745, Padre Vilela escreveu novamente ao Bispo pedindo licença para benzer a capela. No pedido, ele relatou que o povo erigiu uma Capela a partir da provisão recebida dois anos antes e fez saber que eram muitos os milagres operados por intermédio da santa. Deu ciência de que tudo estava em ordem: paramentos e escrituras com o patrimônio da capela. Pediu que se pudesse dar a bênção segundo o ritual romano. Alguns dias depois, foi dada a provisão.

---

[2] Documentos transcritos para o Livro da Instituição da Capela, no ACMA. Este Livro foi "aberto" em 1750, a mando de um visitador do bispado. Transcritos também no Jornal "Santuário de Aparecida", em 30 de julho e 6 de agosto de 1921. No ARSP. A doação fala do Morro dos Coqueiros e adjacências.

> [...] Havemos por bem conceder licença como pela presente nossa Provisão lhe concedemos para que o Revmo. Vigário da Vara possa visitar a Capela de que os suplicantes em sua petição fazem menção e achando-a com todos os paramentos necessários e mais coisas precisas com decência e escritura de dote a poderá benzer na forma do Ritual Romano, para nesta se poder celebrar e o dito Revmo. Vigário da Vara fará inventário de tudo que tiver a dita capela em um livro que se guardará com todos os mais papéis para título da dita Capela e passará por listas desta, certidão de como benzeu.[3]

O mesmo Padre Vilela enviou documentação ao Bispo relatando o acontecido. No dia 26 de julho, na festividade de Sant'Ana, foi dada a bênção da capela pelo Vigário da Vara, Padre Vilela. Bênção e missa, segundo constam as anotações em um livro que foi transcrito, em 1757, para o Livro do Tombo da igreja de Santo Antônio de Guaratinguetá. Não há registro se houve uma procissão conduzindo a imagem da capelinha do Itaguaçu para a igreja no Morro dos Coqueiros.[4] A capela inaugurada em 1745 serviu o povo e devotos por mais de cem anos. Depois de passar por várias reformas e ampliações, a partir dos anos de 1840/50, iniciou-se a construção da atual velha ba-

---

[3] Documentos transcritos para o Livro da Instituição da Capela, no ACMA.
[4] Veja matéria no Jornal "Santuário de Aparecida", em 12 de julho de 1945.

sílica. Mas o projeto arquitetônico só realizou depois que o encarregado, o Cônego Monte Carmelo, assumiu essa empreitada, na década de 1880. A capela do Padre Vilela era uma igreja de dezoito metros de comprimento por oito de largura. Em 1756, registrou-se no livro dos Translados dos Títulos de ereção e bênção da capela a seguinte descrição.

> Está situada esta capela uma légua pouco mais ou menos da Matriz, em um lugar alto, aprazível e de natural muito alegre. É a igreja de taipa de pilão: tem o altar-mor com tribuna, em que está a Imagem da Santa, com dois altares colaterais, todos pintados e o teto da capela-mor. É toda forrada a igreja, e por baixo assoalhada de madeira com campas. Tem coro, dois púlpitos, sacristia com duas Vias-Sacras. Corredores assobradados de ambas as partes, com casas por baixo. Tem duas torres. A sacristia pintada e ornamentos de todas as cores, os quais e os mais móveis constam do Inventário à folha 171. Hoje tem Irmandade ereta, sujeita ao Ordinário, cujo compromisso foi confirmado em 25 de maio de 1756, de cuja provisão e ereção se seguem os teores.[5]

O inventário, que fora pedido pelo Bispo quando dera a provisão para a bênção da capela, foi feito em 5 de janeiro de 1750. Foi a primeira vez que apareceu a menção de que a imagem da Imaculada Conceição de Nossa

[5] Documento no Livro dos Translados dos Títulos de ereção e bênção da capela. No ACMA.

Senhora era de barro cozido. Na relação de bens, constam paramentos, ornamentos, coroas para a imagem e escravos. Na descrição, como constam os objetos, coroa e manto de carmesim com ramos de ouro e seda branca, isso nos leva a crer que a imagem já era ornada como se apresentou desde os primórdios: com coroa e manto. Há também nesse relato que a imagem trazia um cordão de ouro no pescoço. Pode ser que fosse para esconder a primeira tentativa de conserto, pois a imagem foi encontrada com a cabeça separada do corpo.

Já a confraria de Nossa Senhora Aparecida foi aprovada em 28 de fevereiro de 1752 e confirmada com aprovação dos estatutos em 1756.[6] A confraria exerceu um papel fundamental na arregimentação e no envolvimento dos leigos no comando da capela, sobretudo no que se refere à sua manutenção e à execução do ofício divino, seja nas festas ou missas celebradas. Temos de distinguir quando se fala dos leigos envolvidos na responsabilidade do culto. Havia os que, piedosamente, zelavam pelo bem comum e sagrado da imagem e da igreja, e havia outros que cuidavam apenas

[6] Documentos no ACMA. Coletânea de Documentos e Crônicas da Capela de Nossa Senhora Aparecida, vol. I, organizado pelo Padre Júlio Brustoloni. No ARSP. Também, no Arquivo Redentorista de São Paulo, há documentos fotocopiados/autenticados pelo Padre Juvenal Martins Rato. A intenção do Padre Martins era escrever um livro sobre Nossa Senhora Aparecida. Ele fez uma apresentação à série de documentos que ele copiou e organizou. A apresentação traz a data de fevereiro de 1981. Padre Martins faleceu em novembro de 1982 e não conseguiu publicar a sua pesquisa.

do cofre no intuito de aproveitar das suas benesses. Nesse segundo grupo, no século XIX, havia os funcionários públicos que minaram a força da Irmandade, até que cessou a sua função, por volta de 1830.

No final de 1745, o Papa Bento XIV desmembrou a diocese do Rio de Janeiro, criando as Dioceses de São Paulo e Mariana, como também as Prelazias de Goiás e Cuiabá. Assim a capela de Aparecida passava para a jurisdição da nova diocese de São Paulo, cujo primeiro bispo foi Dom Bernardo Rodrigues Nogueira. Dom Bernardo veio de Portugal com ótimos planos de trabalho e zelo pastoral. Permaneceu boa parte do tempo no Rio de Janeiro tomando providências sobre a sua diocese. Fez entrada na Sé de São Paulo, em 8 de dezembro de 1746.[7] Tomou duas providências na organização eclesiástica e pastoral para a nova diocese: que todos os vigários abrissem um Livro do Tombo,[8]

[7] Cf. Paulo Florêncio da Silveira Camargo, *A instalação do Bispado de São Paulo e seu primeiro Bispo*, Edição do autor, São Paulo, 1945.

[8] O primeiro Livro do Tombo da Paróquia de Santo Antônio de Guaratinguetá foi aberto em 2 de agosto de 1757 pelo Visitador diocesano Padre Antônio de Medeiros Pereira. Foi aberto em duas frentes: das folhas 1 a 89 para documentos emanados da autoridade diocesana e folhas 90 a 200 para registros de títulos e fatos da matriz e das capelas. O primeiro documento transcrito foi a Carta Pastoral de Dom Frei Antônio da Madre de Deus. A transcrição foi feita e assinada pelo então vigário Padre Dr. João de Morais e Aguiar aos 24 de agosto de 1757. Na mesma ocasião, foram transcritos, pelo mesmo Padre João de Morais, os documentos relativos ao encontro da Imagem e à construção da capela.

em que tudo fosse registrado, e confiou aos Padres da Companhia de Jesus o encargo de missionar as paróquias. Para suas visitas pastorais, sabendo da pobreza dos vigários, escreveu ao rei pedindo verbas para empreender suas viagens. A resposta só chegou depois de sua morte inesperada, em novembro de 1748.

Nesses trezentos anos, depois do encontro da Imagem, o estabelecimento do culto e a organização eclesial ficaram mais bem representados depois que foi construída, para a veneração pelo povo da localidade e pelos romeiros, uma capela no Morro dos Coqueiros em 1745. Para atender à demanda do culto, mais tarde, mais duas igrejas foram construídas, as basílicas velha e nova, respectivamente. Hoje contemplamos todo o conjunto arquitetônico, seja do centro histórico, seja o conglomerado da basílica nova, morro do cruzeiro e Porto do Itaguaçu, e percebemos o quanto tudo isso facilita o bem-estar e proporciona momentos de festa e de expressão de fé. São as maravilhas em Aparecida ou de Aparecida.

Em 1983, numa publicação da Comissão de História da Igreja na América Latina (Cehila), Eduardo Hoornaert, ao descrever a história da implantação da instituição eclesiástica no período colonial, faz uma referência ao assunto de que estamos tratando. Ele afirma que a devoção a Nossa Senhora da Conceição está ligada à consagração de Portugal e suas colônias a Maria como promessa da restauração do trono em 1640. No Brasil, a devoção trazida representa o mundo triunfal do período mineiro, o período áureo da história colonial brasileira. É uma nova esperança para a coroa com as descobertas das minas de ouro e diamante. O autor afirma que o Frei Agostinho de Santa Maria havia exaltado Nossa Senhora da Conceição como representante do poder dominante.[9] E que, em 1717, surgiu uma nova tra-

[9] O autor e a obra citada tratam de Manuel Gomes Freire, português nascido em 1642, em Extremoz, que aos 23 anos entrou para o Convento dos Agostinianos Descalços, tomando o nome de Frei Agostinho de Santa Maria. Foi cronista e prior do Convento dos Agostinianos em Évora, ocupando os cargos de secretário da província, definidor geral de toda a Congregação Agostiniana, em Portugal. Sua obra mais importante intitula-se "Santuário Mariano e Histórico das Imagens Milagrosas de Nossa Senhora, e das milagrosamente aparecidas, que se veneram em todo o Bispado do Rio de Janeiro e Minas e em todas Ilhas do Oceano". Foi publicada em Lisboa em 1723, em dez volumes. Trabalho minucioso de pesquisa histórica e geográfica, arrolando todas as capelas, igrejas e os oratórios dedicados a Nossa Senhora, com a descrição dos locais, das vilas e dos povoados e dos acidentes geográficos de cada região, ilha ou vila. No tomo X, Títulos VI e XXIX, o autor traz importante informação sobre o Caminho Velho de Parati e as vilas de Taubaté, Pindamonhangaba, Guaratinguetá e Lorena. Ele não faz referência direta à imagem de Aparecida. "... Se vê a Vila de Guaratinguetá, que na língua brasílica é o mesmo que terra de muitas garças, parece que acham ali bom pasto e bom sítio para suas nidificações. Mas fique-se em boa hora com as suas graças, que me tal Vila como esta, me não quero deter nada, pois são os santuários da Mãe de Deus, o bem, o remédio dos pecadores, assim passam o Rio Paraíba à outra parte a buscar o Santuário da Virgem Nossa Senhora da Piedade."

dição: Nossa Senhora da Conceição Aparecida, morena. Depois ele faz um paralelo com a tradição de Nossa Senhora de Guadalupe, venerada no México. E finalmente diz, textualmente: "A imagem foi conservada pelos pobres até o ano de 1745, quando o vigário lhe construiu uma capela. A partir dessa data instalou-se uma dialética que perdura até hoje, entre a imagem que pertence ao povo e significa a sua dignificação e o poder da Igreja institucional que procura manipular a imagem por conseguinte as massas que a ela acorrem".[10] Sem estrutura, sem igrejas, sem local para o culto, como proceder, acolher e realizar a pastoral extraordinária, sob a égide devocional nos locais sagrados e de devoção popular? O leitor poderá fazer a sua interpretação!

---

[10] Eduardo Hoonaert, História da Igreja no Brasil, Tomo II/1, Paulinas/Vozes, São Paulo/Petrópolis, 1983, p. 349-351. Interessante que outro autor, que também foi membro do grupo Cehila, Riolando Azzi, em sua obra *A teologia católica na formação da sociedade colonial brasileira*, p. 219, tem uma afirmação que ajuda a ilustrar o assunto. Nossa Senhora da Conceição não foi venerada apenas na casa grande... ela era devoção de todos. "Nossa Senhora da Conceição foi o título mariano mais difundido na colônia luso-brasileira. Com a chegada dos Franciscanos nas últimas décadas do século XVI, essa devoção recebeu maior incremento. Além das igrejas e capelas, Nossa Senhora da Conceição era também cultuada nos nichos e nas capelas dos engenhos, nas ermidas construídas no alto dos morros ou à beira das estradas. Multiplicavam-se também as imagens e estampas dessa mesma padroeira, que era invocada com frequência nas necessidades dos indivíduos, das famílias e das comunidades dos povoados e arraiais."

Como nos referimos anteriormente, uma das resoluções de Dom Bernardo foi confiar aos Padres Jesuítas a pregação de Missões ao povo de sua diocese. Com a Missão em Guaratinguetá e na capela de Aparecida, temos outra fonte de inestimável valor para a história da imagem de Nossa Senhora. O relato sobre essa Missão encontra-se no Arquivo Geral dos Jesuítas, em Roma, conforme citação do Padre Serafim Leite, no Livro "História da Companhia de Jesus no Brasil", tomo VI, p. 378. O texto histórico denominado "Annua de 1750" refere-se ao biênio 1748/1749, escrito em latim, por um cronista do Colégio da Bahia - Francisco Silveira –, e enviado a Roma com data de 15 de janeiro de 1750. Os dois missionários Jesuítas primeiro pregaram em São Paulo, onde Dom Bernardo participou ativamente dos exercícios espirituais.

> Da residência de São Paulo, saíram dois sacerdotes dos nossos para pregar as Santas Missões em paróquias na distância de até 50 léguas. Para atender os pedidos insistentes do Sr. Bispo, as Missões foram iniciadas na cidade de São Paulo [...]
> Aqueles dois missionários nossos percorreram doze paróquias, além de outras capelas particulares dos povoados, nos quais permaneceram por alguns dias, a fim de atender o mais possível o bem espiritual do povo. Chegaram finalmente à capela da Virgem da

> Conceição Aparecida, situada na Vila de Guaratinguetá, que os moradores chamam de Aparecida, porque tendo os pescadores lançado suas redes no rio recolheram primeiro o corpo, depois, em lugar distante, a cabeça.
> Aquela imagem foi moldada em argila; sua cor é escura, mas famosa pelos muitos milagres realizados. Muitos afluem de lugares afastados, pedindo ajuda para suas próprias necessidades.
> A Capela recebe muitas esmolas pecuniárias, doadas por devoção e gratidão, lucrando todos os meses mais de cem mil réis. Aí, por especial patrocínio da Mãe de Deus, foi mais frutuosa a Missão. Esse povoado se consumia em acirradas inimizades, que todos, porém, desfizeram reatando publicamente a amizade, após o sermão que fizemos sobre a concórdia com o próximo.[11]

Depois da Missão dos Jesuítas, houve grande incentivo à vida religiosa e um impulso à devoção a Nossa Senhora. Algumas pessoas começaram a construir suas casas perto da igreja e assim foi formando a Vila de Aparecida. Em 1750, a Sé de São Paulo estava vacante. Como vimos, o Bispo do Rio de Janeiro havia feito um pedido para que se fizesse

[11] *Archivum Historicum Societatis Iesu*, (AHSI), 10 (2) fls. 429 a 430v. Além de estar publicado na importante obra de Serafim Leite sobre a Companhia de Jesus no Brasil, o historiador enviou cópia do documento ao Brasil. Segundo Padre Júlio Brustoloni – de quem transcrevemos a tradução latina –, Padre Serafim enviou cópia do documento ao Arquivista Provincial Redentorista, Padre José Pereira Neto. Documento no ACMA e no ARSP.

um inventário dos bens da capela. Para isso, abriu-se um Livro da Instituição da Capela, a fim de registrar os bens e aforamentos de pessoas que construíam em terras da santa.

Recordando fatos históricos mais abrangentes, é bom lembrar que em 1750 faleceu o rei de Portugal Dom João V. Subiu ao trono Dom José I (1750-1777). Em 1755, um terremoto destruiu boa parte de Lisboa matando milhares de pessoas. Sob a influência do Marquês de Pombal, os Jesuítas foram expulsos de Portugal e Brasil (1759). Com a saída dos Jesuítas do Brasil, a evangelização sofreu um duro golpe. Interessante que nesse período – mais ou menos há cem anos – houve um florescimento das Irmandades e Confrarias, tendo os leigos à frente.

Em 1756, o segundo Bispo de São Paulo, Dom Frei Antônio da Madre de Deus, aprovou os Estatutos da Irmandade Nossa Senhora Aparecida. A finalidade da Irmandade, rezava o preâmbulo, "era a glória e honra de Deus e seus santos, edificação e consolação dos fiéis que, por este caminho, querem obter a perfeição e com esta alcançar a graça da salvação eterna, pelo patrocínio da Mãe de Deus".

A Irmandade tinha treze capítulos que regulavam desde a eleição, admissão, expulsão, anuidade, juramento, registros em livros, cofre, enterros dos associados. Havia o juiz, escrivão, tesoureiro e o procurador para cuidarem, cada um a seu modo, do zelo e do culto à Senhora Aparecida.[12]

Mesmo com as normas e estatutos aprovados pela autoridade eclesiástica para o bom funcionamento da Irmandade, certas coisas escapavam para o bom procedimento. Em agosto de 1761, houve a primeira visita pastoral à capela de Aparecida e com isso ficava aprovado o culto à imagem. A visita foi feita por Luiz Teixeira Leitão, comissário do Santo Ofício e Cônego da Catedral de São Paulo, visitador ordinário da Comarca de Guaratinguetá com aprovação de Dom Antônio da Madre de Deus. Ele deixou registrado no Libro do Tombo a seguinte orientação, depois de ir à capela de Aparecida e de ouvir pessoas envolvidas no cuidado com ela.

> Da mesma sorte fui informado que algumas pessoas a quem se tem encarregado o cuidado e zelo da Imagem de Nossa Senhora Aparecida, preocupados da sua cegueira, permitem que os romeiros durmam e habitem nos corredores da mesma capela, de que resulta muitas vezes entrarem no camarim em que está a senhora; e do trono tiram e trazem nas mãos com algumas indecências, e estas se devem evitar, para atalhar maiores

[12] Documentos no Arquivo da Cúria Metropolitana de Aparecida.

> irreverências, portanto ordeno e mando que, daqui em diante, pessoa alguma, de qualquer condição que seja, não consinta que, sem beneplácito do R. Vigário desta igreja matriz, se continue no referido, sob pena de excomunhão maior *ipso facto*; e havendo-se dar a oscular a mesma Soberana Imagem, será com decência devida, tendo primeiro luzes ou velas acesas, estando o sacerdote que assim o fizer com sobrepeliz e estola; incensando primeiro a Imagem e fazendo as mais cerimônias em semelhantes atos, para que o mesmo R. Pároco tenha em sua mão a chave da porta que vai para o dito camarim ou tribuna, e assim o cumprirá, sob pena de obediência e de lhe dar culpa na futura visita.[13]

Sete anos mais tarde, a segunda visita pastoral foi feita pelo Padre Gaspar de Souza Leal. A Sé estava vacante. Na visita que fez à capela de Nossa Senhora, o visitador anotou que a pintura do teto deveria ser restaurada, trocar o trono da imagem e cuidar das alfaias e paramentos. Chegou a dizer que o irmão tesoureiro da Irmandade deveria colocar a casula fora dos caixões para que, arejada, não ficasse mofada, como a encontrou.[14]

Na terceira visita, feita pelo Padre Policarpo de Abreu Nogueira, em dezembro de 1770, o que deixou anotado

---

[13] Livro do Tombo I, paróquia de Santo Antônio de Guaratinguetá, 22 de agosto de 1761, fl 5v. Todos estes documentos foram transcritos e organizados em uma pasta/livro, em 1978, pelo Padre Júlio Brustoloni. Na página 6, consta a aprovação dada pelo Cardeal Dom Carlos Motta, agradecendo a laboriosa obra.

[14] Ibidem, folha 12 do Livro do Tombo I.

refere-se aos bens de valor. Cordões de ouro que foram doados deveriam ser vendidos para manter a imagem naquilo de que precisasse. Sobre o dinheiro que a Irmandade havia guardado, falou que deveria comprar cálice de prata, paramentos de bom feitio para as festas na capela.[15]

A quarta e última visitas, feitas no século XVIII, foram em junho de 1773, pelo Padre Firmino Dias Xavier. Sobre a capela de Aparecida ele deixou anotado:

> Mando que se acabem as obras da capela de Nossa Senhora Aparecida e, como não chegam as esmolas que tirou o ermitão da capela, ordeno que se acabem as obras ditas com o dinheiro do cofre ou da Irmandade e para isso concluir melhor, mando que se não dê do cofre, dinheiro a juros e desta mesma determinação, dará dentro de um mês, o Revmo. Vigário, conta ao Ilmo. E Revmo. Sr. Dr. Governador do Bispado.[16]

Todas as visitas foram feitas por delegados, padres com a missão de averiguar o que se passava nas paróquias do bispado. Somente em 1854 que se deu a outra visita pastoral; desta vez feita pelo Bispo de São Paulo.

Interessante que o visitador fala das esmolas que o ermitão tirava para a capela. No oitavo capítulo dos Estatutos da Irmandade diz o seguinte: "A mesa elege-

[15] Ibidem, folha 14v e 15, do Livro do Tombo I.
[16] Ibidem, folha 16v, do Livro do Tombo I.

rá um Irmão para Andador, o qual não pagará o seu anual e terá obrigação de avisar os Irmãos para se fazer a Mesa da Reunião e para outras funções". Segundo estudos e anotações do Padre Juvenal Martins, em 1794, faleceu o ermitão da capela de Nossa Senhora Aparecida, o Irmão José. Ele esmolou para a construção da capela de 1745, antes mesmo de a Irmandade ser erigida em 1752 e aprovada em 1756. E diz ainda que ele recebeu enterro solene e depois sua caveira ficou por muitos anos dentro da igreja construída em 1745.[17]

A capela tinha muitas entradas e doações. Ermitão, cofre, missas, dotes e heranças deixadas a Nossa Senhora. O dinheiro da santa, na expressão popular, foi responsável por muitos benefícios para a vila que começava em volta da igreja. Calçamento de rua – a rua calçada –, casas para romeiros, pastos para animais, com certeza no Morro das Pitas, nas terras doadas a Nossa Senhora. Havia também, um certo tempo, que os responsáveis emprestavam dinheiro, a juros, como anotou o visitador, de modo especial no período imperial em que o Governo asseverou na administração dos bens eclesiásticos. Iremos tratar nas próximas páginas.

---

[17] Cf. Juvenal Martins, *Coletânea de documentos e anotações sobre a imagem e o santuário de Nossa Senhora Aparecida*, p. 36, no Arquivo Redentorista de São Paulo.

Representação artística da primeira capela dedicada a Nossa Senhora Aparecida, em torno de 1740
(Pintura de Beto Leite - CDM Santuário Nacional)

Capela de Nossa Senhora Aparecida no Morro dos Coqueiros, em 1745
(Representação artística de Beto Leite - CDM Santuário Nacional)

Capela de Nossa Senhora Aparecida no final do século XVIII e início do século XIX

(Representação artística de Beto Leite - CDM Santuário Nacional)

VI

A consolidação do culto e as romarias no século XIX

Ao iniciar esta parte de nossa pesquisa e narrativa, queremos registrar as personagens famosas que estiveram em Aparecida. Isso ajudou a difusão do culto, da devoção e fez conhecida a imagem, a capela... de Nossa Senhora Aparecida. Não queremos em nenhum momento descurar a importância dos romeiros – povo que afluía de todas as partes do país – de modo especial os mais próximos dos Estados de São Paulo, Rio de Janeiro e Minas Gerais. A vila de Aparecida continuava, geograficamente, em um ponto crucial e estratégico para a comunicação humana mesmo antes da ferrovia e das rodovias.

Fato marcante para a história do Brasil no início do século XIX foi a vinda da família real portuguesa para o Rio de Janeiro. No que se refere à Igreja, desde a expulsão dos Jesuítas, havia uma decadência nas frentes de evangelização. Por outro lado, de modo especial no litoral e em Minas Gerais, fortaleceu-se um laicato engajado nas Irmandades e Confrarias sem o controle do clero.[1] Ideias revolucionárias alimentaram muitos sacerdotes que se envolveram em questões libertárias, seja na Inconfidência Mineira[2] ou nas Revoluções Republicanas em Pernambuco.[3] Em São Paulo, destacaram-se ideias de uma Igreja nacional[4], lideradas pelo Padre Antônio Feijó.[5] Em 1822, houve a separação do Brasil em relação aos mandos de Portugal. O rei já havia retornado à Europa, mas deixou um filho para continuar a governar, dando início ao Império brasileiro. Vejamos um relato de Oscar Lustosa para nos situar naquele período.

---

[1] Cf. Caio C. Boschi, *Os Leigos e o Poder – Irmandades Leigas e Política Colonial em Minas Gerais*, Ed. Ática, São Paulo, 1996.

[2] Cf. Eduardo Frieiro, *O Diabo na livraria do Cônego*, Ed. Itatiaia, 2ª ed. Belo Horizonte, 1981.

[3] Cf. Gilberto V. de Carvalho, *A liderança do clero nas revoluções republicanas 1817 e 1824*, Vozes, Petrópolis, 1980.

[4] Cf. Oscar de F. Lustosa, *Reformismo na Igreja no Brasil Império – do celibato a uma caixa eclesiástica*, Loyola, São Paulo, 1985.

[5] Cf. Octavio T. de Sousa, *Diogo Antônio Feijó (1784-1843)*, Livraria José Olympio, Rio de Janeiro, 1942.

Com a queda de Pombal e com a "viradeira", acelerava-se a marcha da desarticulação do "pacto colonial". Fatores externos e internos, sobretudo de ordem econômica, contribuíram para uma ruptura que aconteceria, aos poucos, com acomodações e concessões. A chegada da Família Real em 1808, a elevação do Brasil a Reino Unido, em 1815, eram paliativos que suavizavam as tensões, mas não deteriam o surto agressivo de independência que se concretizaria em 1822. Na fase de desintegração do sistema colonial fermentavam, em meio a um clima de contestação à situação de dependência, crises que atingiam, em suma, todos os setores da sociedade. Por isso não é de admirar que a Igreja se visse envolvida nas malhas precárias e equívocas da conjuntura político-econômica e de diversas maneiras.

Politicamente eram numerosos os padres e religiosos que militavam nas linhas de frente das reivindicações nacionais. A maioria deles, saídos dos seminários de Olinda no Nordeste ou formados nas leituras dos pensadores franceses, como os de Minas e São Paulo, deixaram-se empolgar com as novas ideias que explodiram na Revolução Francesa e tentavam conciliá-las com um tipo de Igreja presa ao carro do Estado.

Além disso sofria a Igreja as consequências da precária conjuntura econômica: o Tesouro, coletor do dízimo em teoria e direito, não os arrecadava satisfatoriamente e não tinha condições de pagar em dia as côngruas do clero e muito menos de manter os templos e o culto. O mal-estar e a inviabilidade de soluções a curto prazo levavam muitos sacerdotes a se dedicarem paralelamente a outras profissões. O Tratado de Comércio com a Inglaterra (1810) trazia em suas cláusulas uma circunstância nova: a aceitação de protestantes no Brasil e a tolerância de seu culto com as restrições

> previstas. Logo com o início da imigração, a Igreja se verá a braços com problemas que porão em discussão a liberdade de culto. [...]
>
> Ao dar-se a independência em 1822, não haverá solução alguma de continuidade no relacionamento entre a Igreja e o novo Império. A Constituição outorgada por Dom Pedro I em 1824 dirá no seu artigo V que a Religião Católica Apostólica Romana continuará a ser a religião oficial do Império e consagrará as normas da política eclesiástica da colônia. O Padroado, longe de acomodar-se, endurecerá suas posições. E o espírito regalista tomará conta, em especial de deputados e clérigos que se diziam movidos por tendências liberais.[6]

Essa descrição da situação da Igreja no começo do século XIX pode ser aplicada com razão à capela de Aparecida. A exemplo de governos europeus – regalistas –, que passaram a controlar a instituição eclesiástica, a capela de Aparecida sofreu essa intervenção. Na série de documentos que Padre Júlio Brustoloni recolheu para registrar esses mandos e desmandos, fica claro que o poder secular aproveitou das esmolas da santa. No dizer do Padre Juvenal Martins, o cofre da santa passou a ser uma teta que muitos queriam mamar!

A capela passou para o domínio do poder secular em consequência de uma resolução tomada por Dom

[6] Oscar de F. Lustosa, *A presença da Igreja no Brasil – Histórias e Problemas*, Ed. Giro, São Paulo, 1977, p. 31-32.

João VI, em 1800. Em 1803, saíram as primeiras normas, e, em 1805, os bens da capela e as rendas do cofre passaram a pertencer à Fazenda Nacional. Em 1809, o rei estando no Brasil mandou recolher o dinheiro do cofre para socorrer necessidades do Estado. Com essas leis, o Estado foi minando a força e o trabalho da Irmandade de Nossa Senhora Aparecida, até que, em 1836, não há mais notícias de sua existência. A partir de 1780, havia um padre capelão que, de Guaratinguetá, atendia à capela de Aparecida.[7] Em certas ocasiões, mais de um padre era destacado para o trabalho pastoral. O Estado também interferiu proibindo que mais padres auxiliassem o capelão. Houve apelo para a Mesa de Consciência e Ordens, no período entre 1821 e 1828. A resposta em 1825, pelo Juiz Dr. Bernardo Vasconcelos: "É desnecessário esse capelão substituto na Capela de Aparecida; a despesa que se vai fazer é inútil".[8]

De 1809 a 1844, foi instalada a Mesa Protetória pelo Ministro Corregedor Miguel de Azevedo. A administração da capela foi montada conforme as normas da

---

[7] Benedicto L. Barbosa, in: op. cit., Vol. II, p. 17, apresenta uma lista de Capelães de Aparecida, a partir de 1748, sendo o primeiro o Padre Manuel Dias. Já o Padre Juvenal Martins, também em documentos já citados, apresenta, a partir de 1780, o Padre Francisco das Chagas Lima.

[8] Arquivo da Cúria Metropolitana de Aparecida, documentos na Coletânea de Documentos e Crônicas da Capela, vol. I. Cópia no ARSP.

administração pública. A mesa era composta por três membros: tesoureiro, escrivão e procurador. O tesoureiro nomeado pelo governo imperial e os outros dois, pela Irmandade, durante o tempo em que funcionou. O período de vigência da Mesa Protetória foi um tempo muito conturbado, pois esteve nas mãos de funcionários públicos que só pensavam no dinheiro, sendo, muitos desses, os próprios padres. Padre Júlio Brustoloni, citando Virgílio, escreveu na apresentação da coletânea de documentos: *auri sacra fames*, ou seja, maldita fome de ouro!

No período de 1844 até 1890, foi criada a Mesa Administrativa, e a capela passou a ser administrada pelo governo estadual. A mesa era composta de três membros: tesoureiro, escrivão e o pároco. Como funcionários efetivos, existiam os cargos de capelão, sacristão, organista, chaveiro das casas dos romeiros e, mais tarde, com a instalação do serviço de água e iluminação, os zeladores para a manutenção. O pároco não era remunerado, e as normas só admitiam um capelão nomeado pela Mesa. A Mesa indicava o capelão e cabia ao Bispo aprová-lo. Não poucas vezes houve conflitos de interesses, e o pároco era sempre voto vencido.

Com o dinheiro de doações e do cofre, a capela mantinha o ensino para os filhos de escravos que estavam a serviço da capela. Mesmo depois da construção da atual basílica velha, o projeto previa uma escola na sacristia. O calçamento das vias públicas começou quando a rua da ladeira foi calçada, passando a se chamar Rua Calçada, que, em 1892, mudou de nome passando a se chamar Rua Monte Carmelo, em homenagem ao construtor da basílica velha. Em 1843, a Câmara de Guaratinguetá mandou construir um cemitério às expensas do cofre. Com água encanada, providenciada por um padre político e deputado, mas com dinheiro do cofre, foi inaugurado em 1877. O mesmo aconteceu com a instalação de iluminação pública a gás, em 1882. Foram construídas casas de hospedagens para romeiros, e o cofre financiou parte da construção da santa casa e da igreja matriz de Guaratinguetá, além da construção da catedral de São Paulo, em 1849. A intervenção secular, isto é, o Estado só deixou de controlar os negócios eclesiásticos após a proclamação da República. Com o decreto 119, de janeiro de 1890, do Governo Provisório, cessou o Padroado e deu-se a separação da Igreja e Estado.[9]

Não somente administrar a capela foi causa de contendas que envolvia o dinheiro deixado, mas também interesses em tirar a imagem da capela. Consta nos docu-

[9] Cf. Coletânea de Documentos referentes à administração pública dos bens da capela, vol. I., p. 239 a 252. No ACMA e no ARSP.

mentos do Arquivo do Estado de São Paulo, em janeiro de 1822, que o vigário de Guaratinguetá com seus auxiliares foram até a capela buscar a imagem. Havendo resistência da Mesa Protetória, o vigário ameaçou arrombar o nicho. Houve denúncia por parte do capelão, e foi instaurada uma espécie de processo pelo juiz de fora Dr. Bernardo Pereira. Há vários registros de outras saídas da imagem para Guaratinguetá, em 1855 e 1886. Havia até correspondência anônima de gente graúda de Aparecida, que denunciava o fato à Cúria em São Paulo. O Arquivo da Cúria Metropolitana conserva algumas cartas sobre a transladação da imagem, revelando os interesses das partes envolvidas. Sempre arrumavam desculpas para intercessão da santa pela falta de chuva, mas o real interesse era financeiro.[10] Em certa ocasião, fazia-se uma procissão fluvial para levar a imagem para Guaratinguetá. O difícil foi sempre fazê-la voltar ao nicho da capela a ela dedicada.[11]

Aproveitando o assunto sobre poder secular ou civil, interessante notar que Aparecida tornou-se distrito e paróquia prematuramente. Dizemos dessa ma-

---

[10] Carta da Cúria de São Paulo ao Padre Benjamim de Toledo, vigário de Guaratinguetá, em 20 de abril de 1881; Carta de Dom Lino Deodato ao Padre Francisco de Paula Rodrigues, Vigário-Geral, em 25 de abril de 1881; Carta de Padre Miguel Martins, vigário de Guaratinguetá ao Padre Francisco de Paula, Vigário-Geral, em 27 de abril de 1885. Todas sobre as "rusgas" devido à transladação da imagem. No ACMSP, cópia no ARSP, Copresp B, cartas de nº 41, 42 e 49.

[11] Cf., Ibidem, p. 253-255.

neira porque todas as duas condições foram revogadas em pouco tempo. Por determinação do Presidente da Província, em 1832, a Vila de Guaratinguetá devia ser dividida em distritos. Nessa ocasião, em 3 de março de 1832 foi criado o Distrito de Aparecida, com cento e vinte e um fogos. Em 1836, um ofício do Presidente da Província mandou suprimir o distrito. Nos anais da Assembleia Legislativa Provincial, consta que Aparecida foi elevada à Freguesia e criada Paróquia em 4 de março de 1842. O Bispo de São Paulo, Dom Manuel Joaquim Gonçalves de Andrade, nomeou o primeiro pároco: Padre Joaquim Pereira Ramos. Em 1844, foi extinta a freguesia, por ser da exclusiva competência do poder majestático do Imperador a criação de novas paróquias. Portanto, a Paróquia teve vida curta também, até 15 de março de 1844.[12]

Em 25 de abril de 1880, foi a segunda vez que se elevou Aparecida à condição de Freguesia. Com o advento da República e as mudanças nas estruturas governamentais, por meio do Decreto nº 147, de 4 de abril de 1891, do Governador Américo Brasiliense, foi criado o Distrito de Paz de Aparecida, compreendendo as capelas de Aparecida e de Roseira. Em 19 de dezembro de 1906, foi elevada à con-

[12] Cf. Coletânea de Documentos no ACMA e os volumes II e III do autor citado, Benedcito L. Barbosa.

dição de Vila e sua emancipação política e administrativa em 17 de dezembro de 1928.[13] Em 1962, passou a ser sede de comarca. Já a Paróquia/Santuário Episcopal foi criada em 28 de novembro de 1893, sendo o primeiro Cura, o Padre Claro Monteiro do Amaral. Como acenamos na introdução, a Paróquia não teve registro de nascimento e foi elevada à categoria de Arquidiocese. O documento de 1893, fala apenas em elevação da capela a Santuário Episcopal, e nada sobre Paróquia.

A propagação do culto, as visitas ilustres, que citaremos posteriormente, e a localização geográfica de Aparecida ajudaram na consolidação da capela como centro de romarias. Outro fator a ser considerado, somando-se à localização geográfica, foi o desenvolvimento agrícola por que passou o Vale do Paraíba. Primeiro os engenhos de açúcar e depois os cafezais, praticamente durante todo o século XIX. Com o café, o Vale viu o apogeu e a decadência, quando no oeste do Estado passou-se a cultivá-lo. No entanto, a economia cafeeira fez o Vale mais urbanizado, rico e embelezado no traçado arquitetônico das cidades, nas igrejas e nas vias de comunicação.[14] Isso ajudou

---

[13] Cf. Oswaldo Carvalho Freitas, *Aparecida capital mariana do Brasil*, edição do autor, Aparecida, 1978.

[14] Cf. José Luiz Pasin, *Os barões do Café – titulares do Império no Vale do Paraíba Paulista*, Vale Livros, Aparecida, 2001.

sobremaneira o aumento do fluxo de romeiros e da expansão do culto de Nossa Senhora. Ainda assim, muitas dessas cidades perderam o elã ou, na expressão de Monteiro Lobato, viraram "cidades mortas".[15]

Durante o período colonial, o progresso urbano deu-se apenas no litoral. Após a Independência, esse progresso começou a adentrar para a parte interna do país. A exportação de produtos agrários continuou sendo a base da economia, no caso do Vale do Paraíba, a cana de açúcar e o café.[16] Sobreviveram o latifúndio e o trabalho escravo, até 1888. Muitos viajantes estrangeiros que percorreram o país perceberam o profundo contraste entre o litoral e as cidades do interior.

> Segundo as descrições da época, a maioria dos núcleos urbanos do interior caracterizava-se por um aspecto descuidado, sendo imprecisos até os limites entre a zona rural e a urbana. Boa parte da população vivia em chácaras, cujos limites chegavam à cidade. A maio-

---

[15] As cidades do Vale do Paraíba que se destacaram no século XIX, sobretudo no ciclo do café, hoje compõem o chamado Vale Histórico, seja o lado paulista ou o lado fluminense. Pejorativamente, a partir das cidades que se desenvolveram a partir dos meados do século XX, com a industrialização e a rodovia Presidente Dutra, falam de "Fundo do Vale", onde estão as cidades históricas. E Monteiro Lobato, quando morou em Silveiras, escreveu "Cidades Mortas", em que retratou a decadência do Vale depois da abolição da escravatura.

[16] Cf. Teresa Barbosa Rezende, "Apontamentos para a História Econômica de Aparecida (1636-1900) in: Alexandre L. Barbosa (org.), *Aparecida – a multiplicidade do olhar*, Gráfica Imagem, Taubaté, 2000, p. 62-72.

> ria das casas era construída de taipa, segundo a tradição colonial. Muitas permaneciam fechadas durante a semana, pois os moradores só vinham à cidade aos domingos e dias de festa, quando compareciam às cerimônias religiosas e faziam suas compras nas lojas e feiras locais.
>
> Nas cidades do interior os únicos edifícios dignos de registro eram as igrejas e os conventos, e mais raramente os edifícios da Câmara e cadeia. O abastecimento de água era precário, ficando os moradores na dependência de poços e chafarizes. A iluminação era precária prevalecendo o óleo de peixe. Nas noites de luar a cidade ficava às escuras, iluminada apenas pela luz da lua. Apenas nas cidades mais importantes havia assistência hospitalar e essa era, em geral, fornecida pelas Santas Casas, instituições religiosas filantrópicas, de caráter paternalista, inspiradas na tradição de caridade cristã, típica do catolicismo.[17]

As cidades do Vale do Paraíba não destoaram desse retrato traçado pela autora. Mesmo nessas cidades do Vale, tão próximas ao Rio de Janeiro e a São Paulo, um cientista estrangeiro – Saint-Hilaire –, que passou por lá na época da Independência, observou que a população ignorava os fatos que estavam acontecendo. Esse cientista passou por Aparecida, duas vezes, em abril e em agosto de 1822. Natural de Orleans, na França, Augusto de Saint-Hilaire, botânico, viveu no Brasil de 1816 a 1822 e

---

[17] Emília Viotti da Costa, *Da Monarquia à República*, 9ª edição, Ed. Unesp, 1998, p. 242-243.

viajou pelos Estados do Rio de Janeiro, São Paulo, Minas Gerais, Goiás e pelo sul do país. Em uma de suas passagens, deixou escrito sobre a região e Aparecida.

> Passamos a noite num rancho situado à extremidade da vila e dependente de uma venda vizinha. A região por onde atravessamos, entre Guaratinguetá e Aparecida, é muito risonha. À esquerda ficam colinas, à direita a estrada domina terrenos baixos e úmidos, no meio dos quais serpeia o Paraíba. A uma légua apenas de Guaratinguetá, passamos em frente à capela de Nossa Senhora Aparecida. A imagem que ali se venera passa por milagrosa e goza de grande reputação, não só na região, como nas partes mais longínquas do Brasil.
> Aqui vem ter gente, dizem, de Minas, Goiás e Bahia, cumprir promessas feitas a Nossa Senhora da Aparecida. A igreja está construída no alto de uma colina, à extremidade de uma grande praça quadrada e rodeada de casas. Tem duas torres que fazem de campanário, mas seu interior nada apresenta de notável. O que o é realmente vem a ser a vista encantadora, desfrutada do alto da colina. Descortina-se região alegre, coberta de mata pouco elevada. O Paraíba ali descreve elegantes sinuosidades, e o horizonte é limitado pela alta cordilheira da Mantiqueira.
> A cerca de duas léguas de Nossa Senhora Aparecida, encontra-se, à beira do caminho, uma capelinha chamada Capela do Rosário... o caminho desde Guaratinguetá aqui é verdadeiramente magnífico, e a região tão plana que se viajaria, sem dificuldade, numa berlinda.[18]

[18] Auguste de Saint-Hilaire, *Viagem do Rio a São Paulo*, Ed. Melhoramentos, São Paulo, 1929, p. 141-142.

Outros estrangeiros ilustres passaram por Aparecida e deixaram registrado nos seus escritos, como o Padre português Manuel Aires de Casal, que descreveu as sinuosidades do Rio Paraíba, o pintor francês Arnaud Julien Pallière e o austríaco Thomas Ender, que pintou uma aquarela em que retrata a igreja construída em 1745 e o casario formando uma praça, por volta de 1817. Vieram também, com o pintor Ender, por ocasião do casamento de Dom Pedro I com a Arquiduquesa Dona Leopoldina d'Áustria, enviados pelos governos da Áustria e Baviera, Carlos Frederico Von Martius, botânico, e João Batista Von Spix, zoólogo. Eles faziam parte da missão científica que Dom João VI requisitara na Europa. Dom João fundou no Rio de Janeiro, em 1816, a Academia Real de Ciências e de Artes. Os dois, acima citados, deixaram registros quando passaram por Aparecida, por ocasião do natal de 1817.

Em 1860, esteve, em Aparecida, o poeta, escritor, jornalista e médico o português Augusto Emílio Zaluar. Ele descreveu a procedência dos romeiros e falou sobre a capela. "As paredes da capela quase que não têm já lugar para as figuras de cera, troncos, cabeça, braços, pernas e mãos de todos os tamanhos ao lado de numerosos painéis".[19] Outros tantos pesquisadores e viajantes deixaram seus comentários sobre a imagem, a capela, as romarias e a devoção a Nossa Senhora Aparecida. Queremos registrar ainda dois personagens no século XIX: Dom Pedro I e a Princesa Isabel.

Na viagem que empreendeu para o Rio de Janeiro, por ocasião da Independência do Brasil, Dom Pedro e comitiva eram esperados em Guaratinguetá no dia 17 de agosto. No dia 20 de agosto de 1822, a comitiva real seguiu viagem para a Vila de Nossa Senhora do Bom Sucesso de Pindamonhangaba, acompanhada por algumas autoridades do lugar. Segundo a tradição, ao passar pela Capela de Nossa Senhora da Conceição Aparecida, o príncipe entrou no recinto e, ajoelhando-se, orou, pedindo à santa proteção para o Brasil e sucesso na jornada que se propunha.[20]

Em 1929, quando foram celebrados os 25 anos da coroação da Imagem, em palestra proferida em Aparecida, pelo ex-Presidente da República, Dr. Wenceslau Braz, ele dissera que o grito de Independência

---

[19] Augusto Emílio Zaluar, *Peregrinação pela Província de São Paulo (1860-1861)*, citado em artigo de Conceição Borges Camargo, em "Ecos Marianos", Ed. Santuário, Aparecida, 1985, p. 68-74. Como médico, deixou escrito, como sugestão, que, em vez de se pensar em refazer a igreja, sinal de que havia projetos em 1860, se fizesse um hospital.

[20] Cf. José Luiz Pasin, "A viagem histórica do Príncipe regente Dom Pedro pelo Vale do Paraíba em agosto de 1822", in: *Revista do Instituto Histórico e Geográfico de São Paulo*, Vol. LXX, 1973, p. 581.

do Brasil foi no dia 7 de setembro, alguns dias depois que D. Pedro I passou e rezou em Aparecida. "É bom assinalar que a proclamação oficial da Independência do Brasil teve exatamente a data de 8 de setembro de 1822, dia de Nossa Senhora."[21]

A Princesa Isabel esteve em Aparecida duas vezes. Quando ela faleceu, em 1921, o Jornal "Santuário de Aparecida" dedicou matéria escrevendo a biografia e os feitos enquanto foi regente do trono por três vezes, sendo que na última, em 1888, assinou a Lei Áurea, terminando com a triste página de nossa história da escravidão negra no país.

Ao descrever a origem da imagem, as cores com que ela fora pintada, retratando as cores oficiais com que a coroa portuguesa havia mandado estampá-la, e analisar a sua cor posterior, pôde dar-nos outra interpretação, a qual fez com o que o povo enxergasse na imagem o retrato da opressão, do sofrimento e, mais precisamente, da escravidão que pesava sobre o Brasil. Um cativeiro mais longo que o cativeiro dos judeus na Babilônia foi a escravidão no Brasil.

A imagem foi encontrada no começo do século XVIII e, justamente neste século, em que a busca de-

---

[21] Cf. "Polianteia do Jubileu da Coroação", editora Santuário, Aparecida, 1919. Citado por Dom Carlos Carmelo na sua Carta Pastoral de 25 de março de 1954, preparando o Congresso Nacional da Padroeira.

senfreada pelo ouro falou mais alto, em que o modo de produção dependia da força, do sangue e da vida dos escravos negros, a imagem tornou-se de cor preta. Pelo tempo no fundo do rio, pela fumaça das velas nos oratórios domésticos até a igreja no Morro dos Coqueiros, ela passou a representar a cor de uma raça explorada e escravizada. Não foi encontrada pelos soldados nem exploradores estrangeiros, dos muitos que aqui aportaram na busca de curiosidades e pesquisas, muito menos pelos advogados e padres instruídos que voltavam de Coimbra, mas pelas redes de três pescadores, filhos da terra. Pescadores e escravos, classes sociais marginalizadas, foram artífices na revelação da mensagem que ora queremos interpretar. Basta dizer como o ditado popular: Deus escreve certo, ainda que por linhas tortas... e, nesse caso, o certo em linhas certas!

Retomando o assunto, a primeira vez que a Princesa Isabel e seu marido, com comitiva, estiveram em Aparecida foi quando voltavam do Sul de Minas – Águas Virtuosas da Campanha –, onde esteve em tratamento de saúde, indo para o Rio de Janeiro. Eles participaram do último dia da novena e da festa de Nossa Senhora em 8 de dezembro de 1868. A Princesa não tinha filhos e queria engravidar. A segunda vez foi em

1884, quando vinha do Rio de Janeiro e parou em Aparecida. Nessa segunda visita, era acompanhada dos filhos. A Princesa doou para Nossa Senhora uma coroa de ouro, que foi usada na coroação, em 1904. Conta-se, também, que ela tenha alforriado um escravo na sua segunda passagem por Aparecida. A Princesa, que doou a coroa, a qual passou a ornar a cabeça da Rainha, assinou a lei que pôs fim a escravidão negra.[22]

E Dom Pedro II? O monarca governou por quase cinquenta anos, mas, as vezes por que passou pelo Vale do Paraíba, não visitou a capela com a Imagem de Nossa Senhora Aparecida. A primeira vez, em 1878, quando, a caminho de São Paulo, parou em Guaratinguetá. A Imperatriz queria ir até a capela, mas, por falta de tempo, isso foi negado pelo Imperador. Na capela, havia tudo preparado para uma bela recepção.[23] A segunda vez, o Imperador novamente viajava a São Paulo, em 1886. Na viagem de volta, ele parou em várias cidades. Estando em Guaratin-

[22] Artigos do Padre Oto Maria Böhm no Jornal "Santuário de Aparecida, dezembro de 1921 e fevereiro de 1922. Padre Oto serviu-se do Diário "Excursão à Província de São Paulo" da Princesa Isabel Condessa d'Eu. Também no Almanaque "Ecos Marianos", 1964, em artigo de Conceição Borges, fez publicar sobre as duas passagens da Princesa por Aparecida, p. 40-45.

[23] Cf. Carlos Eugênio Moura, *O Visconde de Guaratinguetá: um titular do café no Vale do Paraíba*, Studio Nobel, São Paulo, 202, 127. O Visconde havia escrito ao Cond'Eu, que havia mandado arrumar tudo para que o Imperador pudesse ver o estado avançado da construção da igreja.

guetá, consta-se que a comitiva tenha ido à capela de Aparecida. Citando como fonte o jornal "Correio Paulistano" de 20 de outubro de 1886, Glauco Santos escreve: "Desta vez, o pedido da Imperatriz foi atendido e a comitiva seguiu de trem até a capela de Nossa Senhora Aparecida. Infelizmente não chegou até nós os relatos desse ilustre encontro com a imagem da santa".[24]

Uma visita marcou a vida religiosa de Aparecida. Foi em 1854 quando Dom Antônio Joaquim de Melo, bispo de São Paulo - em visita pastoral –, passou por Aparecida. A partir dessa visita, ele determinou que, todas as quintas-feiras, fosse dada a bênção do Santíssimo Sacramento após a missa e que fosse conservado o Santíssimo Sacramento da Eucaristia, no sacrário para a adoração dos fiéis. A figura e o papel desempenhados por Dom Joaquim de Melo não se restringem apenas a esse fato. Ele foi a figura central no processo de reforma ou romanização da Igreja no Brasil em meados do século XIX.

Desde a expulsão dos Jesuítas e a crescente intervenção do Estado na vida da Igreja, o quadro pessoal/eclesiástico foi enfraquecendo. De um lado, boa parte

[24] Cf. Glauco de S. Santos, "Os passos do Imperador: as viagens de D. Pedro II pelo Vale do Paraíba como forma de legitimação da monarquia (1868-1889)", dissertação na Universidade de Taubaté, Taubaté, 2011, p. 85. Não fica claro se o Imperador esteve na capela. Fala-se apenas de comitiva, mas, com certeza, se ele tivesse ido, haveria notícias relatando o fato.

dos Bispos eram simpáticos às ideias galicanas e pró-regalistas. Do outro lado, o Governo impedia a entrada de religiosos estrangeiros, fechando noviciados, pagando mal os padres seculares. Sobre os religiosos o Governo via com olhos grandes os seus bens para aplicar a lei de "mão morta", pois, morrendo o último frade, os bens passariam para a Fazenda Imperial, para o Governo. Sobre os seculares, estes mal pagos, envolviam-se em outros negócios distanciando-se dos trabalhos de catequese e do apostolado, ora na política ora nas fazendas, com escravos e mulheres.

Praticamente, o desejo de mudança, de reformar a Igreja partiu de Minas Gerais, com a nomeação do Lazarista Dom Antônio Ferreira Viçoso, em 1844.[25] Ele foi seguido por outros Bispos, à medida que iam sendo nomeados, de modo especial os que haviam estudado em Roma.[26] Em São Paulo, havia um grupo de padres chamado Padres do Patrocínio, que se reuniam em Itu, terra natal do Padre Antônio Joaquim. Dois se destacavam: Padre Antônio Feijó e Padre Antônio Joaquim de

---

[25] Silvério Gomes Pimenta, *Vida de Antônio Ferreira Viçoso – bispo de Mariana e Conde da Conceição*, Typographia Salesiana, Nictheroy, 1892.
[26] Cf. Riolando Azzi, "O movimento brasileiro de reforma católica durante o século XIX", in: REB/135 (1974), p. 646-662. Para um estudo mais aprofundado, indicamos: Dilermando R. Vieira, *O processo de reforma e reorganização da Igreja no Brasil-1844-1926*, Editora Santuário, Aparecida, 2007.

Melo. Os dois foram nomeados Bispos pelo Imperador, mas o primeiro a Santa Sé não confirmou. Os dois queriam reformar a Igreja. Feijó defendia a abolição do celibato para os padres seculares, uma Igreja Nacional e um caixa, espécie de fundo econômico para a manutenção dos padres. Ele queria uma reforma política na Igreja. O outro, Padre Antônio Joaquim, foi nomeado Bispo de São Paulo em 1851. Ele se engajou numa luta pela reforma da moral pública e do clero, um plano puramente religioso. Investiu na abertura de seminários para acolher os meninos e formação destes desde a tenra idade. Planejou colocar religiosos vindos da Europa nos seminários e em locais de peregrinação, nos santuários, e que estes mesmos religiosos se ocupassem da pregação das Missões Populares.[27] Queria tirar o controle do Governo sobre a Igreja, que estava sob o regime de Padroado, e a força dos leigos nas Confrarias e Irmandades. Dom Antônio Joaquim e outros bispos usaram, como meios para a implantar a reforma, além do que foi aludido, as cartas pastorais e as visitas pastorais.[28]

---

[27] Cf. Riolando Azzi, "Dom Antônio Joaquim de Melo, Bispo de São Paulo e o movimento de reforma católica no século XIX", in: REB/140 (1975), p. 902-922.

[28] Cf. Augustin Wernet, *A Igreja Paulista no século XIX*, Ed. Ática, São Paulo, 1987. Ótimo estudo em que o autor descreve a situação do catolicismo em meados do século XIX em São Paulo e a reforma proposta por Antônio Joaquim de Melo.

Em 1852, na sua primeira carta pastoral, ele recomendou aos padres a pregação durante as missas, pois esta seria um meio prático para catequizar e instruir povo, de modo especial os romeiros que visitavam a capela de Aparecida. "Recomendamos muito que os Reverendos párocos, e mais sacerdotes autorizados para anunciar a palavra de Deus, façam-no com dignidade e simplicidade, evitando toda a ostentação, prurido do saber, toda ação excessiva, tendo sempre por norma a Jesus Cristo, que, com maior simplicidade, expunha as mais interessantes verdades quer teóricas quer práticas..."[29]

Na visita que ele fez ao Vale do Paraíba, em 1854, passando pela capela de Aparecida, deixou anotada uma longa orientação.

> Fomos à capela de Nossa Senhora Aparecida, visitamos a casa dos milagres e achamos muitas pinturas que não convém, ainda mais gravadas em papel. Nós proibimos com pena de culpa ao capelão que consinta mais pintura alguma em papel, consumindo desde já todas que existem; aceitará as em cera e madeira.
> Começamos nosso Provimento e Providências sobre esta capela. Haverá sempre nela o Santíssimo Sacramento no tabernáculo e se conservará a luz, à custa

[29] Coletânea de Documentos e Crônicas da Capela, vol. I., p. 200. Dom Antônio Joaquim escreveu, no tempo que foi bispo de São Paulo, 14 cartas pastorais e mais dois regulamentos. A primeira citada aqui foi publicada em 6 de março de 1852.

das esmolas que se dão ao santuário. Haverá um sacristão, embora de harmonia com a Mesa, sempre provisionado e, sem provisão, não poderá ajudar nas Missas e mais atos religiosos. Proibimos com pena de suspensão *ipso facto* ao capelão de agora em diante consentir ladainhas à noite, far-se-ão sempre que queiram, antes das Ave-Marias. Admiramos e estranhamos, não ser observada uma Circular a respeito do então Governador do Bispado e Vigário Colado desta paróquia. Nas quintas-feiras depois da missa, haverá bênção com o Santíssimo Sacramento na píxide, e se declararão os quarenta dias que damos de indulgência aos que devotamente assistirem.[30]

O tempo de bispado de Dom Antônio Joaquim foi curto, 1851-1861, mas encontrou resistência e oposição; se demorasse mais, a história teria sido outra. No cabido, na Sé de São Paulo, a oposição foi tamanha que ele preferia sair em visitas pastorais, passando mais de um ano longe de sua cátedra. Um dos seus opositores entrou para história da capela de Nossa Senhora Aparecida, o Cônego Joaquim do Monte Carmelo.

Falando de resistência ao Bispo, na capela de Aparecida, os responsáveis que formavam a Mesa Administrativa não aceitaram a caixinha que o Bispo deixara na capela para esmolas para a construção do Seminário Episcopal em São Paulo. Um ano depois, a

[30] Livro do Tombo I, fls. 150, da Paróquia Santo Antônio de Guaratinguetá, no ACMA. A visita foi de 23 de junho a 11 de julho de 1854.

Mesa, em conluio com vigário de Guaratinguetá, não aceitou o capelão indicado, por este ser da confiança do Bispo.[31]

Sobre o aumento da devoção a Nossa Senhora pelo número de romeiros e visitas ilustres à capela, nós já elencamos. Também, a devoção extrapolava o limite geográfico da Vila, isto é, há notícias de igrejas dedicadas a Nossa Senhora Aparecida ainda no século XVIII. Em junho de 1782, o Bispo de São Paulo, Dom Frei Manuel da Ressurreição, concedeu a Antônio José da Silva provisão para erigir uma capela dedicada a Nossa Senhora Aparecida na paragem de Pirajibu do termo da Vila de Sorocaba.[32]

O sul do Estado de Minas Gerais pertencia à Diocese de São Paulo, até o ano de 1900, quando foi criada a Diocese de Pouso Alegre.[33] Pois bem, na visita pastoral que fez Dom Antônio Joaquim de Melo à ca-

---

[31] Informações na Coletânea de Documentos, op. cit., p. 264.

[32] A informação consta na série de documentos compilados pelo Padre Juvenal Martins. Cita a fonte: Autos de ereção e patrimônio de capelas, Livro III, "da capela de Nossa Senhora Aparecida, em Sorocaba, Arquivo da Cúria Metropolitana de São Paulo". Em Sorocaba havia uma feira de muares, onde vinham criadores de todos os lados para negociar seus cavalos e suas mulas. Esse fator ajudou a espalhar a devoção. Hoje o bairro é conhecido por Aparecidinha. A provisão foi passada em 4 de junho de 1782, em favor do morador daquele lugar, Sr. Antônio José da Silva, pelo Bispo de São Paulo, Dom Manuel da Ressurreição.

[33] Cf. Hiansen V. Franco, *O clero paulista no Sul de Minas 1801-1900*, edição do autor, Passos, 2003.

pela da vila de Estiva, em 16 de dezembro de 1855, ele proibiu a ereção da capela com o nome de Nossa Senhora Aparecida.

> A padroeira da capela era Nossa Senhora da Conceição por vontade do povo deixou a antiga invocação de São Francisco d' Assis ou das Chagas. Proibimos que se dê a Nossa Senhora o título de Aparecida, que denota ter sido achada, do que não há vestígio algum sólido, conforme nos informamos. Nem queremos que se dê motivo para que no futuro se inventem histórias fabulosas e depois falsos milagres. Essa recomendação dirigimos aos Reverendíssimos Capelães.[34]

Mesmo passados tantos anos do encontro da imagem, do culto aprovado e do fluxo de devotos, o bispo estava preocupado com receio de histórias fabulosas... E, nessa época, a devoção já tinha chegado ao Rio Grande do Sul, em Viamão, Passo Fundo...

---

[34] Informação na Coletânea de Documentos, op. cit., p. 74. Segundo Padre Júlio, a fonte está no Livro de Visitas de Dom Joaquim de Melo, p. 92, no Arquivo da Cúria Metropolitana de São Paulo.

Thomas Ender, pintor austríaco, esteve em Aparecida, em 1817
(Reprodução)

August de Saint-Hilaire, botânico, naturalista e viajante francês. Passou por Aparecida, em 1822
(Reprodução)

Dom Pedro passou por Aparecida, em 1822
(Pintura de Simplicio Rodrigues de Sá - Museu Imperial do Rio de Janeiro)

A Princesa Isabel, herdeira do trono brasileiro, esteve em Aparecida, em 1868 e em 1884
(Reprodução)

Dom Antônio-Joaquim de Melo, Bispo da Diocese de São Paulo de 1852 a 1861, em uma de suas visitas pastorais, esteve em Aparecida *(Reprodução)*

VII

A construção da basílica velha

Segundo os relatos deixados pelos vigários e pela Mesa Administradora, a capela construída em 1745 tivera vários melhoramentos e várias ampliações, mas ainda deixava a desejar pelo tamanho e pela falta de beleza interna. Em 1844, a Mesa sentiu a necessidade não mais de reformas, mas de construir outra igreja. Os encarregados, vigário e membros leigos da Mesa, contrataram um mestre pedreiro e pediram autorização ao Juiz Provedor de Capelas para demolir a igreja e construir outra em seu lugar. As obras foram iniciadas em 1845. Os documentos – Livro de Atas da Capela – não são precisos na demolição das torres e início da construção do corpo da nova igreja.

As obras se prolongaram por quase vinte anos, o que reflete bem a situação calamitosa da administração do cofre que estava nas mãos do Governo Imperial. A construção ficou parada por volta do ano de 1864. Em janeiro de 1878, a Mesa aprovou e contratou, depois da oferta feita pelo Cônego Joaquim do Monte Carmelo, para dar continuidade às obras, por cinquenta contos de réis pagos em prestações. Esse valor é o mesmo que o cofre estava gastando na construção da Santa Casa de Guaratinguetá. Em dezembro daquele ano, o próprio Cônego Monte Carmelo descreveu o projeto que deveria ser executado.[1]

Os desmandos e a má administração da Mesa, que por certo período não honrou o contrato com o Cônego Carmelo, levaram a Assembleia de São Paulo a fazer intervenção, nomeando outro tesoureiro e emitindo normas. Havia, mesmo naquela época, muita crítica, de modo especial aos tesoureiros, na maneira como eram gastos os rendimentos e as ofertas deixadas no cofre. O fato aconteceu em 1884, quando a Assembleia Legislativa de São Paulo, em projeto de número 268, do senador José Vicente de Azevedo, decretou o seguinte:

> Artigo 1º: as esmolas oferecidas, oblações e todos os rendimentos da capela de Nossa Senhora da Conceição Aparecida, no município e Guaratinguetá, ficam

[1] Livro I e II de Atas da Mesa Administrativa, no ACMA.

> destinados, da data desta lei em diante, aos seguintes fins: & 1º - a conclusão, no mais breve prazo, das obras já adiantadas da respectiva igreja; & 2º - as despesas do culto e a sustentação de um capelão e um tesoureiro, não excedendo àquelas a três contos de réis e os vencimentos destes a um conto e mil novecentos réis anuais. & 3º - a fundação e custeio de um asilo para os meninos pobres e órfãos desamparados com a denominação de "Asylo de Nossa Senhora da Conceição Apparecida à Infância Desvalida", no qual além de instrução elementar, ensinar-se-ão também artes e ofícios. O número de meninos recolhidos deverá ser elevado a tantos quantos o estabelecimento puder comportar, dentro das forças dos rendimentos da capela.[2]

O Cônego fez um minucioso projeto, medidas, material e tempo necessários para a entrega do corpo da igreja com as duas torres. Fez, inclusive, pedido à Mesa para mandar confeccionar imagens de santos na Bahia. Descreveu a intenção de comprar seis imagens: São Joaquim, São José, Santa Isabel, São João Batista, São Elias e São Bernardo. Dificuldades com a Mesa, prazos não cumpridos, dificuldades em angariar verbas, empréstimos, retirada do mármore na alfândega, renovação do contrato... foram dez anos de labuta até a inauguração, em junho de 1888.

[2] O projeto de lei fala ainda sobre outros rendimentos e outras ofertas deixadas no cofre, fala sobre os animais oferecidos e sobre o serviço do tesoureiro. Assinado no Paço da Assembleia Legislativa Provincial de São Paulo, 19 de março de 1884, por José Vicente de Azevedo. No ACMA.

Antes de falar da inauguração e da beleza da nova igreja, vejamos um pouco da biografia desse Cônego que, por dez anos, foi o responsável pelo término da construção da igreja. Deus tem caminhos insondáveis. Um monge beneditino esculpiu a imagem, outro foi o responsável pela construção daquela que se tornou a morada de Nossa Senhora por mais ou menos um século.[3] Um monge que enfrentou seu bispo, que estava suspenso de ordens, que escrevia artigos anônimos atacando a autoridade eclesiástica e que, por fim, morreu reconciliado com a Igreja.[4]

Quando falamos de Dom Joaquim de Melo, não adentramos no assunto da romanização da Igreja ou de como alguns autores se referem à reforma da Igreja no Brasil, em meados do século XIX. De um lado, os bispos com olhar voltado para Roma e, do outro, alguns padres com olhar voltado para a realidade eclesial em que viviam, engajados em ideias políticas, além de serem regalistas, isto é, favoráveis às intervenções do governo no comando da Igreja. Dentre eles estava o Padre Joaquim do Monte Carmelo. Em 1876, ele reuniu os artigos que redigira entre dezembro de 1874 e dezembro de 1875, fazendo-os publicar pela editora Laemmert num livro intitulado "O Brasil e Cúria Romana

---

[3] A igreja foi inaugurada em 1888, e a imagem permaneceu aí até 1982, quando foi transferida para a basílica nova.
[4] Cf. Artigo no "Jornal do Comércio", em 25 de dezembro de 1936. No ACMA.

ou análise e refutação do Direito contra o direito do Sr. Antônio de Macedo Costa". Mas o problema do Padre Monte Carmelo começara com Dom Antônio Joaquim de Melo, em 1854.[5] Ele estava ausente da Ordem Beneditina desde 1844 e suspenso de ordens desde 1876, quando foi morar em Guaratinguetá e pegou a empreitada de construir a igreja de Aparecida. Pouco ficava em Guaratinguetá, mas o certo é que levou a cabo a construção da igreja, que ele propôs em contrato, e, ao final, a reabilitação para o exercício de ordens.[6]

---

[5] Cf. Augustin Wernet, *A Igreja Paulista no século XIX*, Editora Ática, São Paulo, 1987, p. 153-155. Incidente gravíssimo na noite de natal na Sé de São Paulo, onde o Cônego Monte Carmelo enfrenta o Bispo Dom Antônio J. de Melo.

[6] Cf. Dilermando Ramos Vieira, *História do Catolicismo no Brasil*, vol. I, Editora Santuário, Aparecida, 2016, p. 424. "Joaquim Carmelo Santos, nasceu em Salvador, Bahia, aos 19 de novembro de 1813. Entrou para o Mosteiro Beneditino em 1835, sendo ordenado padre em 1837. Em outubro de 1838, foi transferido para o Mosteiro do Rio de Janeiro e depois para Santos (SP). Esteve em Roma onde doutorou-se em Direito Canônico. De volta ao Brasil, em 1843, iniciou-se na maçonaria. Em 1845, tornou-se padre secular fixando residência a partir de 1848 na diocese de São Paulo, onde recebeu o título de cônego da catedral. Desentendeu-se com Dom Antônio Joaquim de Melo, em ofício na catedral, na noite de natal de 1854. A partir daí passou a publicar artigos contra o bispo e contra a aproximação da Igreja no Brasil com Roma. No período em que estava encarregado de construir a igreja em Aparecida, entrou em polêmica com Dom Antônio de Macedo Costa, defendendo o governo na Questão Religiosa. Depois da proclamação da República, Padre Monte Carmelo foi readmitido na Ordem Beneditina. Feito novamente presidente do Mosteiro de Santos, por ser um dos pouquíssimos beneditinos sobreviventes no Brasil, opôs tenazmente à vinda de monges europeus para restaurar os mosteiros. Regressou à Bahia em 1898, onde faleceu no ano seguinte."

A inauguração da nova igreja foi no dia 24 de junho de 1888, com a presença do Bispo de São Paulo, Dom Lino D. de Carvalho. No Arquivo da Cúria de Aparecida, há registros dos recibos das despesas, como fogos de artifícios, banda de música, viagem do bispo, espórtula para outros padres, alimentação para policiais... típica festa do interior, onde o catolicismo popular tinha proeminência. Com certeza houve procissão, quermesse, leilão de prendas, sermões apoteóticos... a igreja foi benta por Dom Lino, e a imagem entronizada durante a missa de São João Batista.[7]

A igreja, que os devotos construíram sob o comando do Cônego Monte Carmelo, continua imponente no alto do morro dos Coqueiros. O Vale do Paraíba vivia o apogeu da economia cafeeira. A mesma igreja que fora inaugurada em 1888, após seis anos, receberia missionários bávaros para o atendimento às romarias, cura e guardiães do santuário. Por falar em bávaros, Monte Carmelo contou com a ajuda do arquiteto e pintor bávaro Thomaz Driend. Ele pintou medalhões no teto e, pelas paredes, os principais milagres de Nossa Senhora Aparecida. Driend nasceu em Munique em 1846 e fixou residência no Rio de Janeiro, onde faleceu em

[7] Cf. Livro IV de Atas da Mesa, fls 82 seguintes, no ACMA.

1916.[8] Nos primeiros anos deste século XXI, a "basílica velha" recebeu uma reforma total na estrutura, no telhado, bem como na restauração de seus altares, de suas imagens e pinturas. A vetusta igreja se fez nova, com todo o resplendor para os festejos dos trezentos anos do encontro da "santa".

Em 13 de maio de 1888, a regente do trono brasileiro, a Princesa Isabel, assinou a Lei Aurea, colocando fim a uma das páginas mais tristes de nossa história. Era decretado o fim da escravatura negra no país. O Papa Leão XIII enviou uma rosa de ouro à Princesa. A doação de uma coroa pela Princesa a Nossa Senhora foi em 1868, quando passou pela primeira vez em Aparecida. Essa coroa – que orna a Imagem até nossos dias –, de ouro de 24 quilates, pesando 300 gramas com 24 diamantes maiores e 16 menores, foi usada para a solene coroação em 1904. O ouro não foi da rosa de ouro que a Princesa recebeu de Leão XIII, como se aventam algumas informações incorretas.[9] O Império brasileiro agonizava, devido à Guerra do Paraguai, à Questão Re-

---

[8] Cf. "Grande Enciclopédia Delta Larouse", Tomo V, Editora Delta, Rio de Janeiro, 1960, 2281, biografia do pintor Driend; também citação de Mons. J. Marcondes de Mello, na "Polianteia" da Coroação em 1904, edição de 1905, p. 10, quando se refere aos trabalhos do pintor na igreja de Nossa Senhora.

[9] Cf. Oscar de F. Lutosa, "Igreja e escravidão do negro no Brasil. Das algemas à Lei Áurea e à Rosa de Ouro (1888)", in: *Revista Vida Pastoral/140*, São Paulo, (1988), p. 12-19.

ligiosa e, por fim, à abolição da escravatura. O partido republicano estava organizado havia mais ou menos vinte anos antes do fim do Império, de modo especial o Partido Republicano Paulista.[10] Isso mostra que o regime estava sendo minado, até sua derrubada em 15 de novembro de 1899.[11]

A Igreja estava atrelada ao Estado desde a chegada dos europeus em 1500. Alguns falavam de direito, outros, de concessão – dependendo do ponto de vista – do Padroado acertado entre a Santa Sé e a coroa portuguesa. Concessão antiga dos Papas às coroas de Portugal e Espanha e renovada com Império do Brasil, após a Independência, em 1827.[12] Com o advento da República, antes mesmo da primeira Constituição, o Governo Provisório de Marechal Deodoro da Fonseca decretou o fim do Padroado. O decreto 119A, de 7 de janeiro de 1890, separava a Igreja do Estado.[13] Por

---

[10] Cf. Lycurgo de C. Santos Filho, "Lycurgo de Castro Santos: trajetória política de um republicano no Vale do Paraíba", in: Gabriel Chalita (org), *Vale do Paraíba – política e sociedade*, Vale Livros, Aparecida, 1993, p. 125-143.

[11] Cf. Sérgio Buarque de Holanda, "Manifesto Republicano de 1870", in: *História Geral da Civilização Brasileira*, Tomo II/7, Bertrand Brasil, São Paulo, 1997, p. 299-315.

[12] Cf. João Dornas Filho, *O Padroado e a Igreja Brasileira*, Companhia Editora Nacional, São Paulo, 1938. Veja também: Candido Santini, "O padroado no Brasil. Um direito real 1822-1890", in: Perspectiva Teológica, São Leopoldo (RS)/11(1974), 159-204.

[13] Cf. Anna M. Moog, *A Igreja na República*, Editora Universidade de Brasília, Brasília, 1981.

incrível que pareça, a liderança da Igreja, na pessoa dos bispos, reagiu com energia e contrária à separação. Em tom dramático, os bispos escreveram a famosa Pastoral Coletiva de 1890, em que afirmavam que o trono caíra, mas que o altar estava firme e de pé.[14] A liberdade da Igreja que era subvencionada e mal paga... peada a morosidade da máquina pública do Império. Um complexo de orfandade por parte dos Bispos, assunto interessante, mas que foge de nosso objetivo primeiro.[15]

---

[14] Cf. Pastoral Coletiva do Episcopado Brasileiro, em 1890, Tip. Montenegro, Rio de Janeiro, 1890. Assinaram a Pastoral os representantes das doze únicas dioceses então existentes, sendo onze bispos e um monsenhor pela diocese do Rio Grande do Sul. «Esta é a Santa Igreja Católica! Está é! Lancem-na de si os governos; privem-na das indenizações que lhe são devidas pelo público erário; despojem-na de suas propriedades, ela não se mostrará menos digna do seu glorioso passado. No desamparo, na indigência, nas angústias, nos trabalhos, cantará o hino do Rei Profeta: "Rompeste, Senhor, os meus grilhões; a ti um sacrifício de louvor e de ação de graças! *Dirupisti vincula mea; tibi sacrificado hostiam laudis! E a verdade de Deus ficará cativa em seus lábios: verbum Dei non est alligatum"*.

[15] Cf. Elói D. Piva, "Transição republicana: Desafio e chance para a Igreja", I e II, in: REB/195 e 198, Petrópolis, (1989 e 1990), p. 620-639 e 415-432.

Capela de Nossa Senhora Aparecida, em 1817 ou 1818
(Pintura de Thomas Ender - Arquivo da Cúria Metropolitana da Arquidiocese de Aparecida)

Fachada da Matriz Basílica (Basílica Velha), em 1876
(CDM Santuário Nacional)

Fachada da igreja de Nossa Senhora Aparecida, em 1894
(Arquivo da Cúria Metropolitana da Arquidiocese de Aparecida)

Frei Joaquim do Monte Carmelo, reponsável pelo término das obras da basílica velha
(CDM Santuário Nacional)

VIII

No regime republicano, a igreja de Nossa Senhora é elevada a Santuário Episcopal

Passados dez dias da emissão do decreto de separação da Igreja e Estado, o Bispo de São Paulo, Dom Lino Deodato, nomeou uma comissão para a igreja de Aparecida.

> Paço Episcopal de São Paulo, 17 de janeiro de 1890
> Revmo. Sr.
> Na obrigação de providenciar com urgência acerca da administração dos bens e das rendas eclesiásticas nesta diocese, em vista do que dispõe o Decreto do Governo Provisório de 7 do corrente, especialmente no artigo 5º, resolvi nomear, como efetivamente fica nomeada desde já, uma Comissão composta de V. Revma., do Revmo. Capelão Dr. Joaquim do Monte Carmelo e do Ilmo. Sr. Major Antônio Martiniano de Oliveira Borges,

na qualidade de tesoureiro, para substituir a Mesa Administrativa da Capela de Nossa Senhora da Conceição Aparecida, filial à Matriz dessa cidade de Guaratinguetá; podendo a Comissão entrar logo em exercício, nomeando um de seus membros, não pensionado com o cargo de tesoureiro, para servir de escrivão, observando-se, quanto à abertura quinzenal do cofre da Capela, a praxe legalmente adaptada, até que sejam expedidas as instruções. Seria escusado dizer que, em vista do exposto, cessam não só as funções da Mesa Administrativa, mas também as dos respectivos empregados.
Nesta mesma data fiz as precisas comunicações ao ILmo. Sr. Juiz Municipal e de Capelas, substituto, desse Termo.
Deus guarde a V. Revma.
† Lino, Bispo Diocesano
Ao Revmo. Sr. Cônego Honório Benedicto Ottoni, Pároco colado da Freguesia de Santo Antônio da cidade de Guaratinguetá.[1]

A transição não foi tranquila para os membros da Mesa Administrativa. Ainda mais onde corria dinheiro, seja no cofre, seja nas ofertas deixadas em louvor à santa, isso fazia com que houvesse muitos interesses dos envolvidos no negócio. A igreja, denominada até esta época de capela, estava sob a jurisdição da paró-

[1] Documento no ACMA. Cópia autenticada no Arquivo Redentorista de São Paulo. Fundo IV, Arquidiocese de Aparecida. O artigo 5º do decreto 119A diz: "A todas as igrejas e confissões religiosas se reconhece personalidade jurídica, para adquirirem bens e os administrarem, sob os limites postos pelas leis concernentes à propriedade de mão morta, mantendo-se cada uma no domínio de seus haveres atuais, bem como dos seus edifícios de culto".

quia de Santo Antônio, em Guaratinguetá. Dom Lino resolveu fundar, em Aparecida, um Seminário, chamado de Escola Apostólica e, com isso, aproveitando o ensejo da fundação de um seminário, o Bispo elevou a capela a Santuário Episcopal.

> [...] Havemos por bem pela presente declarar isento da jurisdição paroquial o dito santuário. [...] A administração de todos os sacramentos em tal circunscrição será feita pelo Capelão do Santuário, como nosso delegado, observando, digo observadas as disposições canônicas. Outro sim querendo Nós manifestar a nossa devoção e amor ao dito Santuário e esperanças que nutrimos em Maria Imaculada sua padroeira, havemos por bem conceder ao referido Santuário o título de Episcopal Santuário de Nossa Senhora da Conceição Aparecida.[2]

Dez dias antes de Dom Lino elevar a capela a Santuário Episcopal, ele nomeou capelão o Padre Claro Monteiro do Amaral. Padre Claro assumia não apenas na condição de capelão, mas também como cura da Vila de Aparecida, onde o território desmembrado da paróquia de Guaratinguetá passou a ser Curato.

> [...] Havemos por bem, pela presente, nomear como efetivamente nomeamos o Revmo. Padre Claro Monteiro do Amaral capelão efetivo da referida capela,

[2] Documento no ACMA. Assinado em São Paulo, em 28 de novembro de 1893.

> devendo no prazo de 15 dias requerer a competente provisão tomando primeiramente posse e entrando no exercício do cargo. Mandamos por santa obediência a todos os fiéis da referida Capela que reconheçam o Revmo. Padre Claro Monteiro do Amaral por seu legítimo Capelão, e como tal respeitem e lhe obedeçam em tudo que são obrigados. Será publicada à estação da missa paroquial de um dia festivo para que chegue ao conhecimento de todos; e desta sorte haverá os emolumentos que legitimamente lhe pertencem.
>
> Dado e passado na Câmara Eclesiástica de São Paulo, sob o selo e sinal de nossas armas, aos 18 de novembro de 1893.
>
> † Lino, Bispo Diocesano.

No Livro do Tombo, Padre Claro, depois de copiar a provisão, anotou o seguinte: "certifico que foi esta lida na estação da missa conventual aos 23 do corrente mês de novembro de 1893, quando entrei no exercício do cargo. Aparecida, 25 de novembro de 1893".[3] No cargo de cura, do curato... e capelão do Santuário, mas não fala que era vigário, que na época equivalia ao cargo de pároco.

Antes de narrar a bênção da pedra fundamental do Seminário Diocesano, é bom lembrar que Dom Lino recebeu um bispo coadjutor, governou a Diocese de São Paulo por vinte e um anos, de 1873 a 1894.

[3] Documentos no ACMA. Documentos avulsos e Livro do Tombo da Paróquia de Aparecida, vol. I.

Em 1892, recebeu como coadjutor Dom Joaquim Arcoverde de Albuquerque Cavalcanti. Dom Lino era cearense, de Russas, e Dom Arcoverde era pernambucano, de Cimbres, atual Pesqueira, em Pernambuco. Dom Arcoverde estudara em Roma e Paris. Em 1888, o imperador Dom Pedro II o indicou para Bispo auxiliar de Salvador, que ele declinou. Em 1890, foi nomeado para Bispo da Diocese de Goiás. Ele também não aceitou. Mas o Papa Leão XIII insistiu para que fosse ordenado. Na época, dizia-se sagrado bispo. Foi ordenado Bispo em Roma, pelo Cardeal Rampola. Renunciou o episcopado no dia seguinte. Voltou ao Brasil e foi morar em Itu (SP), lecionando no colégio dos Jesuítas. Em 1892, o Papa o nomeou coadjutor de Dom Lino, que, cansado e doente, tinha dificuldades em governar a vasta diocese.[4]

No fim do ano de 1893, Dom Lino esteve no Vale do Paraíba. Passou as festas do Natal em Guaratinguetá, fez visita pastoral, indo a Aparecida, onde atendeu confissões e crismou. Em maio de 1894, esteve novamente em Aparecida, para celebrações do mês de Maria. Em agosto, voltou para a bênção da pedra fundamental da Escola Apostólica, o seminário, denominado Colegião.

[4] Cf. Manuel Barbosa, *A Igreja no Brasil – notas para sua história*, Rio de Janeiro, 1945, p. 212-213.

Padre Claro deixou anotado, no Livro do Tombo, que Dom Lino enfrentava resistência com os responsáveis pelo santuário de Aparecida. Em 1892, ele nomeou tesoureiro, o senhor João Maria de Oliveira César. Isso gerou um pouco de tranquilidade, pois o tesoureiro era honesto e capaz, mas desagradou a outros.

Estando em Aparecida para a bênção do Seminário, no dia dezenove de agosto, veio a falecer.

> "Sua idade avançada, sua saúde alterada gravemente não pôde resistir mais tempo aos dissabores e sofrimentos morais que os filhos espirituais e súditos desnaturados lhe causaram. Celebrou pela última vez a quinze de agosto na capela das Dores e caiu gravemente enfermo entregando sua alma a Deus, munido de extrema unção às seis horas da manhã de dezenove do dito mês, na hora em que o Padre Porphirio de Souza Martins (que celebrava) dizia 'Omnis honor et gloria. Requiescat in pace!'"[5]

Dom Lino devia fazer a visita *ad limina apostolorum* viajando para Roma no mês de maio. Não foi, mas enviou seu coadjutor como emissário e procurador. Ao saber da morte de Dom Lino, Dom Joaquim Arcoverde teve pressa em voltar.

Em 1890, os Bispos do Brasil estiveram reunidos em São Paulo. Dom Antônio de Macedo Costa havia

[5] Documento no ACMA. Livro do Tombo da Paróquia de Aparecida.

redigido um documento para que os bispos pudessem analisar e estudar uma alternativa para a Igreja após a separação desta com o Estado. Falou dos remédios para suprir a falta de clero e das Missões populares... como fonte de vocação que poderiam, consequentemente, preencher as lacunas no quadro pessoal da Igreja. Para isso seria necessária a vinda de missionários estrangeiros. Ele citou os Missionários Redentoristas dentre outros religiosos para tal finalidade. Dom Antônio Macedo faleceu logo em seguida à reunião dos Bispos, mas sua contribuição permaneceu e ajudou os demais no intuito de renovar a atuação e presença da Igreja junto ao povo.[6]

Em Roma, em 1894, Dom Joaquim Arcoverde, com Dom Eduardo da Silva, de Goiás, começaram a conversar e bater nas portas das casas generalícias, a fim de conseguir ajuda para suas dioceses. As duas dioceses tinham vários locais de peregrinação. Na diocese de São Paulo, destacava-se o santuário de Aparecida e, na diocese de Goiás, o do Divino Pai Eterno, no arraial de Barro Preto, atual Trindade (GO). Em junho de 1894, os Bispos foram recebidos pelo Padre Geral dos Redentoristas, recém-eleito no Capítulo

[6] Cf. Cadernos de História da Igreja, vol. I, *Dom Antônio de Macedo Costa*, Loyola, São Paulo. 1981, p. 64-65.

Geral daquele ano, Mathias Raus. Uma história fascinante... em que vemos a Providência Divina atuar no discernimento e nos acertos para a aceitação dos dois santuários. Fixemos no santuário de Aparecida, que nos interessa em primeiro lugar.

O pedido dos Bispos foi encaminhado para a Província de Munique, na Baviera. Primeiramente, o Padre Geral dos Redentoristas havia aceitado o pedido de Goiás, mas, posteriormente, Dom Joaquim insistiu e disse que Aparecida estava mais ou menos na metade do caminho, por isso facilitaria a comunicação da casa de Goiás com o Rio de Janeiro e com a Europa. Dom Eduardo se assustou quando soube que o grupo de Missionários destinados ao Brasil teria de ser dividido entre as duas dioceses.[7]

Dom Joaquim havia retornado assim que soube da morte de Dom Lino. Por isso não foi à Alemanha combinar a viagem. Padre Mathias Raus havia enviado o pedido para a Província da Germânia Superior, com sede em Gars am Inn, na Baviera, depois denominada de Província de Munique. O governo de Otto von Bismark dificultava o trabalho dos religiosos, de modo especial dos Jesuítas e dos Redentoristas. Os

---

[7] Gilberto Paiva, *A Província Redentorista de São Paulo 1894-1955 – Fundação, consolidação, ereção canônica e desenvolvimento. Um estudo pastoral*, Editora Santuário, Aparecida, 2007.

dois grupos estavam banidos da Alemanha, devido à luta cultural, o *kulturkampf*. Naquele mesmo ano, tendo aceitado a fundação no Brasil, caiu a lei que proibia a existência dos dois Institutos na Alemanha. Palavra dada, palavra cumprida!

Mais do que ninguém, Dom Joaquim sabia da necessidade de colocar missionários estrangeiros em locais de peregrinação. Não só nos santuários, mas a Igreja saía do regime de Padroado, enfraquecida, por isso os Bispos queriam formadores para seminários, religiosas para asilos e Santas Casas, fundação de colégios católicos e pregação de Missões. Os Redentoristas poderiam responder, de imediato, a duas das necessidades: santuários e Missões. Na reunião dos Bispos, em São Paulo, como dissemos, em 1890, os Redentoristas foram citados como possíveis de serem regimentados para o Brasil.

Em Aparecida, o número de romeiros crescia, até porque, mais de uma vez lembramos anteriormente, a Vila ficava em um ponto estratégico. Rio de Janeiro, São Paulo e o Sul de Minas Gerais. Depois da inauguração da estrada férrea, passando por Aparecida, em 1877, o aumento de romeiros foi grande. Os livros de Crônicas dos Redentoristas descrevem que, por volta do ano de 1900, desciam na estação ferroviária até 400 pessoas para rezar em Aparecida.

Em dias de preceito e festas, até mil romeiros por dia. Antes de viajar à Europa, Dom Joaquim Arcoverde tinha como um dos objetivos conseguir religiosos. Em 1893, ele escreveu ao tesoureiro, Sr. João Maria, dizendo o seguinte:

> São Paulo, 5 de setembro de 1893
> Prezado Sr. João Maria,
> Recebi sua preciosa cartinha.
> São meus votos que Deus e Maria Santíssima o acompanhem sempre em todos os momentos de sua vida e o cubram de bênçãos de Deus para uma família, e se os votos de um bispo têm algum valor, quando pede as bênçãos de Deus para uma família que serve ao mesmo Deus com amor e filial dedicação, espero que os meus votos hão de ser aceitos.
> Estimo que vá aumentando a concorrência dos devotos ao Santuário de Aparecida, isto nos estimulará sempre mais para trazermos logo que for possível o pessoal de nossas esperanças, os apóstolos, que, animados pelo auxílio de Maria, hão de encher esta diocese de bênçãos e de frutos de vida eterna. Vá tendo paciência, virá o dia de nossas consolações, surgirá a aurora de nossas esperanças, medrará nessa terra de Maria a semente fecundada de seus obreiros.
> Coragem, Sr. João Maria, levantemos nossos corações para o céu e deixemos bramirem a nossos pés as ondas encapeladas do oceano do mundo.[8]

[8] Carta de número 74, no Arquivo Redentorista de São Paulo. As cartas/documentos no Arquivo Redentorista compõem de duas séries: COPRESP A e COPRESP B. Foram recolhidas em Arquivos da Congregação na Alemanha, na Itália, nas Cúrias onde há fundações redentoristas. Esta carta de Dom Joaquim, (aliás há uma coletânea de cartas trocadas entre o Bispo e o tesoureiro do Santuário, assim como o Bispo e os Redentoristas), está no vol. I, nº 74, Copresp B.

Os obreiros encontrados em menos de um ano depois foram os Redentoristas. Mas quem eram os Redentoristas? Um grupo de religiosos, Padres e Irmãos, fundado em Nápoles, em 1732, por Santo Afonso Maria de Ligório[9], que foi um gigante do século XVIII, fundador dos Redentoristas e bispo, renovou a moral católica, inovou os meios da pregação missionária ao povo. Escritor com mais de cem livros publicados, em que escreveu sobre vários assuntos teológicos. Devotíssimo de Nossa Senhora, soube passar ao povo uma espiritualidade mariana centrada em Jesus Cristo. Assim como o fundador, chegava ao Brasil um grupo de missionários que também assumiria o santuário que se tornaria maior centro de devoção mariana do país. Interessante uma observação: Imaculada Conceição é a Padroeira da Congregação Redentorista e tornou-se também Padroeira da Comunidade Redentorista dos Missionários que atendem os fiéis em Aparecida. Eis os Redentoristas, de ontem e de hoje: cantores das glórias de Maria, de Nossa Senhora da Conceição, da Imaculada Conceição Aparecida!

Com a entrada de São Clemente Maria Hofbauer, a Congregação alcançou outros rincões fora da Itália, atingindo a Áustria, a Polônia e outros países da

---

[9] Cf. T. Rey Mermet, *Afonso de Ligório – Uma opção pelos abandonados*, Editora Santuário, Aparecida, 1982.

Europa. Em 1832 houve a primeira fundação nos Estados Unidos. Em 1893, os Redentoristas vindos da Holanda chegaram à Diocese de Mariana, fundando, no ano seguinte, uma comunidade em Juiz de Fora (MG). Os bávaros, antes da perseguição pelo *Kulturkampf*, haviam trabalhado no santuário de Nossa Senhora de Altötting, padroeira da Baviera. Os padres mais velhos tinham experiência no atendimento aos romeiros, por meio dessa pastoral extraordinária.

O grupo desembarcou no Rio de Janeiro, viajou a São Paulo e, de lá, foi para Aparecida, chegando à Vila, na noite de 28 e outubro de 1894. Estando em São Paulo, Padre Gahr foi portador de uma carta de Dom Joaquim Arcoverde, ao tesoureiro.

> Sr. João Maria,
> Para aí seguem vários padres e irmãos dos religiosos redentoristas. Aos que devem ficar em Aparecida passará V. Senhoria quinhentos mil réis mensais para custeio de casa, roupa e mais despesas necessárias para sustento decente deles. Como os irmãos religiosos aplicam-se também à agricultura, plantação de horta, queira pôr à disposição deles terreno suficiente para isso dentro da chácara do edifício da Escola Apostólica.[10]

[10] Carta de Dom Joaquim ao Sr. João Maria, em 27 de outubro de 1894. Copresp A, vol. I., carta 52. No Arquivo Redentorista de São Paulo.

A sede da Missão era em Goiás, mas, no ano seguinte, foi transferida para Aparecida. A primeira equipe missionária para cuidar da pastoral do santuário de Nossa Senhora era a seguinte:

Padre Lourenço Gahr- superior da casa com 65 anos;

Padre Valentin von Riedl – adoeceu e veio no ano seguinte, 47 anos;

Padre José Wendl, com 50 anos;

Irmão Estanislau Schraffl, com 52 anos;

Irmão Rafael Messner, com 31 anos;

Irmão Simão Veight, com 28 anos.

Dom Joaquim Arcoverde esteve sempre solícito em mitigar os sofrimentos dos primeiros momentos. Costumes, língua, comida, clima, cultura, expressão religiosa... tudo muito diferente da maneira alemã. Para se ter uma ideia, o superior da fundação de Aparecida, Padre Gahr, não conseguiu aprender a nossa língua portuguesa. Aos poucos, foram assumindo os trabalhos, seja na igreja de Nossa Senhora, seja nas capelas espalhadas na região de Aparecida. Padre Wendl foi à capela de Potim, para uma missa no dia primeiro de novembro e depois no dia de finados, apenas três dias depois que havia chegado a sua nova morada. Ele descreveu a pobreza que encontrou, não na população, mas na ausência de paramentos e vasos sagrados, tal era a penúria em que as paróquias se encontravam. "Padre Wendl fez sua primeira visita ao Potim, aldeia distante ¾ de hora de Aparecida. Não pôde conter as lágrimas ao ver a pobre igreja e os paramentos estragados e rasgados; enquanto o povo sem pastor, assistia à missa com muita devoção."[11]

No início da década de 1890, quando a República dava seus primeiros respiros, houve mudanças nas estruturas governamentais. Em abril de 1891, por decreto do Governador Américo Brasiliense, foi criado o Distrito de Paz de Aparecida, compreendendo as capelas de Aparecida e Roseira. Em 1891, os habitantes do Distrito de Paz de Aparecida dirigiram-se à Câmara de Guaratinguetá, pedindo que o largo da matriz passasse a ser chamado Doutor Lycurgo dos Santos. Posteriormente, voltou a denominar-se Praça Nossa Senhora Aparecida. A Rua Calçada passou a denominar-se Dr. Monte Carmelo e a Rua Nova, Rua Dr. Oliveira Braga. Em 1892, Rodrigo Pires do Rio passou a fazer parte da Câmara de Guaratinguetá, representando Aparecida. Em 1895, houve um movimento pela sua emancipação. Nesse período, dois Cônegos marcaram presença em Aparecida.[12] Cônego Joaquim

[11] Cf. Crônica da Comunidade Redentorista de Aparecida- 1894-1907, vol. I. No Arquivo Redentorista de São Paulo (ARSP).

[12] Cf. Benedicto L. Barbosa, *Nossas origens – de distrito ao bicentenário da capela (1891-1945),* vol. III, edição do autor, Aparecida, 2008, p. 12-19.

Pereira da Fonseca, falecido em 1904, tendo sido vereador, lutou pela independência dessa cidade. Outro foi o Cônego Antônio Marques Henriques, português, que, possuindo um jornal "Luz d'Aparecida", tinha interesses próprios além de ser emancipacionista. Esse cônego deu trabalho para as autoridades eclesiásticas e não teve convivência fácil com os Redentoristas.[13]

Em menos de três meses da presença dos Redentoristas em Aparecida, Padre Claro Monteiro pediu demissão. Ele foi amigo dos Redentoristas, acompanhou-os na viagem do Rio de Janeiro até São Paulo e de São Paulo até Aparecida, em 1894. Deu algumas aulas de português aos padres e cogitou até mesmo entrar para a Congregação, pois Dom Joaquim Arcoverde havia dito ao Padre Visitador (Superior da Missão), Padre Gebardo Wiggermann, que se algum padre da diocese quisesse entrar para a Congregação ele não dificultaria.

[13] Cf. Fábio Garcia dos Reis, "O Cônego Marques Henriques, os Redentoristas Alemães e a Romanização", dissertação de mestrado, Universidade de São Paulo, 1993. Cônego Henrique chegou a Aparecida logo após a inauguração da basílica velha, em 1888. Era português, mas pertencia ao cabido da Sé de Angola. Em Aparecida era redator do "Luz d'Aparecida", que atingiu a cifra de 6 mil exemplares. Líder político, lutou pela emancipação de Aparecida. Por um tempo esteve suspenso de ordens, quis colocar iluminação elétrica na igreja, o que na época era proibido. Deixou descendência, uma filha, que, depois de casada, seu marido continuou à frente do jornal. No Arquivo Redentorista há uma farta correspondência sobre o Cônego. Ele faleceu em 1929, vendo Aparecida emancipada.

O certo é que Padre Claro deixou Aparecida e acompanhou os Capuchinhos para o Oeste Paulista, onde morreu vítima de ataque de índios. Serenamente ele entregou o santuário aos Redentoristas. No dia 22 de janeiro de 1895, ele escreveu ao Padre Gahr o seguinte:

> "De ordem de Sua Excia. Revmª Bispo Diocesano comunico a V. R. que tenho eu obtido exoneração do cargo de cura desse Episcopal Santuário, e o mesmo Exmo. Senhor resolveu encarregar os Revmos. Redentoristas da administração interina do dito Episcopal Santuário, até que seja nomeado outro".[14]

Nos primeiros dias de janeiro de 1895, Dom Joaquim Arcoverde esteve em Aparecida e confabulou com o tesoureiro Sr. João Maria e depois com Padre Claro. O bispo, sempre atento às necessidades dos Redentoristas e apostando no desempenho de seu trabalho, confiou a eles toda a ação pastoral do santuário. Apenas dois padres,

---

[14] Cf. Livro do Tombo I, fl3. No ACMA. Um dia depois de escrever ao Padre Gahr, ele anotou no Livro do Tombo: "Fui exonerado de cura a 23 de janeiro de 1895 e entregue o Curato aos Revmos. Redentoristas. Deus seja louvado!". São várias as cartas dos Redentoristas que dão informes sobre Padre Claro. Cf. também os Livros: Vicente Martins Vanin, *Padre Claro Monteiro do Amaral – Primeiro Vigário de Aparecida e Mártir da Noroeste*, Editora Santuário, 2008. Edição fora de circulação comercial. No Arquivo da Editora Santuário. Veja também: Hélio Abranches Viotti, "No cinquentenário de morte de Mons. Claro Monteiro", in: Revista do Arquivo Municipal de São Paulo/14 (1951), São Paulo. A rua onde está situada a Editora Santuário leva o nome de Rua Padre Claro Monteiro, em Aparecida.

sendo que um que não aprendia a língua... mas, no dizer do cronista, naquela ocasião, "até para santo Padre Claro, que tanto se ausentava do santuário, não celebrando e não ouvindo confissão, era melhor aceitar a tarefa".[15] Com autorização dos superiores na Alemanha e em Roma, Padre Wendl, ainda que provisoriamente, foi empossado o primeiro vigário de Aparecida e guardião do santuário. Em julho de 1895, a sede da Missão passou de Goiás para Aparecida, e, com isso, o Visitador, Padre Gebardo Wiggermann, assumiu o encargo de Vigário de Aparecida.

Os Redentoristas não falaram em salário nem contrato com o Bispo nem este com os Redentoristas. Havia a recomendação do Bispo ao tesoureiro que passasse aos Redentoristas certa quantia em dinheiro para os gastos e a manutenção da comunidade. A maior parte do dinheiro do cofre, nesses anos de 1896, tinha um destino certo: construção do Seminário, posteriormente conhecido como Colegião, a Escola Apostólica, projetada por Dom Lino Deodato.[16]

---

[15] Documenta 86, no ARSP. Crônica da Fundação da Missão Redentorista de SP e GO. Vol. Único, p. 40. Padre Gahr não foi vigário nem reitor, apenas superior da comunidade. Naqueles dias, não havia clareza nem contrato sobre documentação jurídica. Apenas quando Padre Gebardo, em julho de 1895, que, ao cair do cavalo, resolveu fixar residência em Aparecida, assumiu como reitor, vigário, superior da comunidade da Vice-Província. O cargo de Vice-Provincial era denominado Visitador.

[16] Em janeiro de 1896, Dom Joaquim aceitou o pedido da Mesa Administrativa de reduzir de 15% a 10% do cofre para a caixa da diocese, devido aos gastos com a construção do Seminário. Documento no ACMA.

O primeiro contrato entre as duas partes, Congregação Redentorista e Diocese de São Paulo, foi assinado em 3 de março por Dom Joaquim Arcoverde, Bispo de São Paulo, e 22 de março de 1897 pelo Superior-Geral, Padre Mathias Raus, em Roma.[17] Rendas, espórtulas de missa, moradia, foram sendo encaminhadas as decisões posteriormente.

Os Redentoristas moravam em duas casas insalubres ao lado da igreja, até que a visita do Provincial da Baviera, Padre João Batista Schmidt, em 1910, exigiu que se construísse um local decente. O convento ao lado da igreja velha, denominado também de convento velho, foi inaugurado em dezembro de 1912. Sobre os contratos, foram sendo reelaborados e renovados, ao longo do século. Apenas na década de 1990, houve problemas da parte do Bispo Dom Geraldo Penido sobre a renovação. O atual contrato entre a Congregação Redentorista e a Santa Sé tem prazo de validade até 2048.[18]

---

[17] Texto original latino no ARSP. Pasta Contratos Aparecida. Segundo informações do Padre Júlio, o contrato foi elaborado pelo Padre Gebardo, corrigido por Dom Joaquim, enviado a Roma para apreciação do Superior-Geral, que enviou para a Sagrada Congregação dos Bispos e Regulares para avaliação. O contrato não estipulava salário, previa construção de moradia para os Redentoristas e foi firmado por tempo indeterminado.

[18] Documento no ARSP, de Padre Júlio Brustoloni, "Contratos e remuneração no Santuário de Aparecida, 1897-1990". Aparecida, 1990. Do mesmo autor, outro trabalho, em edição atualizada e melhorada: "História da Administração do Santuário de Aparecida – os diversos regimes administrativos e o conselho pró-Santuário Nacional", Aparecida, 1998.

Dom Lino Deodato Rodrigues de Carvalho, bispo da Diocese de São Paulo. Em seu episcopado, a capela de Aparecida foi elevada a Santuário Episcopal
(CDM Santuário Nacional)

Estação ferroviária de Aparecida, inaugurada em 1887
(ARSP - Arquivo Redentorista de São Paulo)

Seminário Bom Jesus, cuja pedra fundamental foi lançada em 1894
(ARSP - Arquivo Redentorista de São Paulo)

IX

Mudança no santuário no limiar do século XX

Antes vimos alguns comentários de visitantes estrangeiros sobre a capela e a imagem de Aparecida. Queremos reportar a alguns comentários de alguns Redentoristas, no fim do século XIX e início do XX, e entender como era a situação de Aparecida naqueles tempos de outrora. Não vamos desmerecer a opinião dos visitantes estrangeiros. Eles são testemunhas documentais da existência da imagem, da capela no morro dos Coqueiros e do culto devocional a Nossa Senhora. Já os Redentoristas, ainda que estrangeiros, não foram a Aparecida, para visitar e narrar impressões. Foram morar, viver sob a sombra do santuário, guardiães da imagem e, somados à pastoral, administrar os sacramentos e atender os romeiros. Não vamos adentrar em comentários sobre pastoral ou romarias, no que se refere à religiosidade ou teologia.[1] Se bem que, na carta que iremos transcrever, revelam todos estes aspectos: religiosidade, teologia, antropologia e costumes do povo e a devoção para com Nossa Senhora. No entanto, nosso enfoque é a caminhada e o desenvolvimento a partir do encontro da imagem, capela, igreja, santuário, vila e cidade de Aparecida nesses trezentos anos de história.

Um comentário interessante é do Padre Lourenço Gahr primeiro superior da Comunidade Redentorista de Aparecida. Estando em Aparecida, pouco mais de seis meses, ele envia suas impressões a um amigo, Padre em Bremen, na Alemanha. Em carta anterior, ele havia comentado sobre a viagem, recepção. Agora fala de Aparecida, um lugarejo de mil e quinhentas pessoas, distante nove horas do Rio de Janeiro e seis de São Paulo, de trem rápido e veloz. Narra todos os acontecimentos históricos, desde a pesca até aquele momento em que a igreja fora elevada a santuário episcopal.

---

[1] Cf. Riolando Azzi, "As romarias no Brasil", in: *Revista de Cultura Vozes*/73 (1979), p. 39-54.

O lugar recebeu de Sua Santidade Leão XIII o título honroso de Santuário Episcopal. Há alguns anos foi desligado de outra paróquia e constituído independente, ao qual serão filiadas agora algumas aldeias. Recebemos a 22 de janeiro a cura ordinária das almas. [...]
Foram construídas diversas capelas que logo se tornaram pequenas; afinal, em meados deste século, a bela igreja atual com duas torres segue, segundo juízo de um entendido, a mais bela do Estado.
No altar de mármore, num nicho de pedra, distingue-se a imagem milagrosa, ricamente adornada de flores e luzes sob o título de Nossa Senhora Aparecida. Daí os romeiros, conforme um jornal do lugar, chegam a 150 mil por ano. Todas as classes, também as mais elevadas, são representadas: vêm senhores importantes, acompanhados de criados pretos – estes, gente muito dócil, constituem um terço da população – e eclesiásticos, funcionários, oficiais à paisana e com uniformes, negociantes e fazendeiros de toda a parte. O Ministro da Guerra esteve aqui em novembro passado. No dia nove de abril esteve o Presidente de São Paulo; veio inesperadamente, de trem especial, com toda a família e grande séquito.
O padre de sua comitiva, professor da Faculdade de Direito de São Paulo, celebrou missa. O Presidente assistiu-a de modo edificante, conservando-se ajoelhado no chão, pois não havia genuflexório do *Sanctus* à Comunhão. Sua senhora comungou. A igreja encheu-se logo. A banda de música tocou, durante a missa, trechos piedosos. Visitou logo depois a igreja, a sacristia e sala dos milagres, isto é, lugar onde se guardam os ex-votos, e deles ela está cheia.
Após o café na casa do tesoureiro, foram-lhe apresentadas diversas pessoas e recebidos todos os que se apresentaram. Também nós dois nos apresentamos; recebeu-nos afável e amigavelmente. Às três horas da tarde voltou para São Paulo. No dia oito de maio, veio o secretário do Estado, acompanhado da família, para batizar seu caçula no Santuário. Mui-

tos pais costumam fazer promessa de batizar os filhos no Santuário. No mês de abril foram 93 batizados. Uma família de Itajubá, cidade do Estado de Minas Gerais, veio para batizar o filho trazendo a banda de música. Tocando alegres, subiram da estação para a igreja; e, durante o batizado, os músicos se postaram em volta do lugar do batismo. Foi batizado com o nome de Sebastião. São Sebastião e Nossa Senhora foram padrinhos, representados por duas pessoas. Ao terminar o batizado, a música atacou uma marcha brasileira; na Europa não se pode fazer ideia disso. Aí nem Príncipe herdeiro é batizado com tanta pompa.

Também muitos noivos vêm de todos os lados para se casarem diante da Imaculada Milagrosa. A maior parte dos romeiros vêm de trem, mas no tempo seco, de abril a novembro; vêm muitas caravanas com quinze a trinta cavalos, burros e cargueiros, as mulheres com crianças ao colo, cavalgam à frente, seguem-nos os cargueiros sem tropeiros, carregando alimentos e apetrechos domésticos, e de cozinha etc., cobertos com couro de boi, e tudo em jacás nas costas do animal; enfim vêm os homens montados, tendo muitas vezes na frente e atrás da sela um filho, em geral todos descalços. São poucos os sapateiros por falta de trabalho; em Aparecida não há nem um sequer porque a metade da população nem usa sapato; é coisa supérflua.

Chegando, dirigem-se logo ao Santuário, rezam algum tempo; muitas vezes com lágrimas nos olhos, beijam reverentes os altares, costume conservado pelo próprio Presidente. Colocam frequentemente grande quantia no cofre, mandam celebrar uma ou mais missas, que se mandam mensalmente ao Bispo, quando não as podemos celebrar; ouvem, devotos, a missa, mandam benzer grande quantidade de imagens, santinhos, medalhas, terços, para dá-los aos parentes; o ir de joelhos da porta até o altar é coisa de todos os dias.

Há cenas comoventes; alguns fazem a promessa de subir ajoelhados a rua principal, calçada de grandes pedras irregulares, morro acima, num trajeto de uns oito a dez minutos e o fazem vestidos de penitentes rezando e cantando. Após seis minutos, tingem-se as pedras de seu sangue. É uma cena, que comove até às lágrimas. De fato, são grandes os sacrifícios externos desses romeiros; faltam-lhe só os internos. Os sacramentos caíram em desuso por grande deficiência de padres, ou por causas menos importantes.

Dizem que, antes da nossa vinda, as comunhões eram cem por ano. Agora, começam a subir; do começo do ano até agora já tivemos mil comunhões. Nossa Senhora deve amar muito os brasileiros e parece amanhecer já melhores tempos para eles, pois, tendo eles tanto amor para com ela, é impossível que Maria os deixe desamparados. Em particular, os pretos são gente de boa índole, dos quais algo se pode conseguir.

Em São Paulo, depois da Páscoa, encontrei muitos alemães barbados, que há 20, 30 e até 50 anos não se confessavam mais, não assistindo missa; muitos porque não tinham ocasião, não ouviam mais uma pregação, outros meios, porém, por indiferença e preguiça. Vieram também primeiras confissões de 18 a 20 anos.

Que alegria, quando se pode auxiliar a esses abandonados. Que os bons bávaros nos auxiliem com suas orações ao Senhor da Messe para que envie operários à sua vinha.

Recomendo-me e toda a nossa Missão às orações de V. Excia., sou, com muito respeito, servo dedicado.[2]

[2] Copresp A, vol. I (1817-1896), carta 103, de 01 de junho de 1895. No ARSP. Os dois de que Padre Gahr fala que foram apresentados ao Governador de São Paulo eram ele próprio e Padre Wendl. Em 1901, Padre Wendl fez uma garimpagem no Livro do Tombo na Paróquia de Santo Antônio em Guaratinguetá, nos documentos avulsos, e Livros da Capela e da Mesa, Irmandades e fez um ótimo relato da história de Nossa Senhora Aparecida (imagem, pescadores, capelas, clero, povo, igreja, estatística, vida do povo). Original no Arquivo Redentorista de Gars, em alemão gótico, com 72 páginas. Documento microfilmado, datilografado para o alemão moderno e traduzido para o português. Coletânea de Documentos e Crônicas da Capela de Nossa Senhora Aparecida. No ARSP.

São muitas as impressões reveladas por meio das cartas dos Padres e Irmãos, sobre a situação religiosa de Aparecida. E são muitas também as cartas que os Redentoristas enviaram à Europa relatando o cotidiano no Santuário. No Arquivo Redentorista em São Paulo, são mais de dez mil cartas. Foram fotocopiadas dos Arquivos de Gars e Roma, traduzidas e organizadas como aparecem na referência: correspondência da Província Redentorista de São Paulo A e/ou B (COPRESP A e/ou B).

Padre Gebardo comentou que o Santuário de Aparecida poderia logo ser outra Altötting. Padre Roberto Hansmair, assim que chegou a Aparecida, escreveu uma longa carta aos confrades em Gars. A certa altura ele disse: "... somente quero dizer logo que Nossa Senhora (a imagem) não tem o aspecto tão informe, como parece na estampa. As imagens aqui, na maioria, são assim. No todo a imagem milagrosa faz lembrar a de Altötting. Ela é também preta, um consolo para os nossos negros, que aqui se envergonham um pouco de sua cor".[3] Em setembro de 1898, o mesmo Padre Gahr informava o desenvolvimento do Santuário: em 1896 tivemos 7 mil comunhões, em 1897, 14 mil e este ano,

---

[3] Copresp B, vol. I, (1874-1897), carta 164, de 28 de outubro de 1895. No ARSP. Os brancos é que deviam se envergonhar por esta mancha social e pecado, que pesaram sobre a nação!!!

até agosto, 10 mil. E dizia que o trabalho aumentava e a procura pelos padres era sempre crescente.[4]

No final do século XIX, a igreja foi elevada a Santuário Episcopal, e Aparecida recebeu os Missionários Redentoristas para o cuidado pastoral. No começo do século, e em anos posteriores, outras mudanças aconteceram, por exemplo as datas das festas e os horários das missas. Em 1901, temos informações de que havia duas missas para os romeiros: às 05h30 e às 09h00. Havia pregação aos domingos e dias santos. Catecismo para as crianças, domingo à tarde, e, às quartas-feiras, catecismo para os mendigos que ficavam em volta da igreja e se intitulavam "pobres de Nossa Senhora". Há registros das Irmandades: Sagrada Família com 226 membros, Sagrado Coração com 475 e Santo Rosário com 295 membros e uma fundada naquele ano, a de São Vicente.[5]

Duas festas eram celebradas com muita pompa em honra a Nossa Senhora: no quinto domingo depois da Páscoa e em oito de dezembro. Documentos, como recibos de gastos na capela, revelam que o mês de maio era celebrado como mês de Maria, tendo início por volta do ano de 1878. Em 1894, o Papa Leão

---

[4] Copresp A, vol. II (1897-1901), carta 316, de 01 de setembro de 1898. No ARSP.

[5] Documenta 1, vol. I, Crônica da Comunidade Redentorista de Aparecida (1894-1907). No ARSP.

XIII concedeu faculdade para que a festa fosse celebrada no 5º domingo depois da páscoa. Em 1904, foi celebrada no 1º domingo de maio, até 1915. O dia oito de dezembro também continuava como dia festivo, como herança do Padroado, que desde 1646 celebrava a festa da Imaculada Conceição, quando Nossa Senhora da Conceição foi declarada a Padroeira de Portugal e colônias. Com a reforma litúrgica realizada por Pio X, o domingo teria precedência sobre outras festas e, por isso, foi novamente alterada e passou a ser celebrada em data fixa no dia 11 de maio.[6] Interessante que em 1904 houve três festas: 1º domingo de maio, 8 de setembro, por ocasião da coroação e oito de dezembro. E a cada oito de setembro repetia-se a festa por ocasião do aniversário da coroação.

Depois do Concílio Plenário Brasileiro, em 1939, a festa passou a ser celebrada no dia sete de setembro. Uma tentativa de celebrar uma festa religiosa com outra cívica no mesmo dia, por ser dia sete, dia da comemoração da Independência do Brasil. Essa data perdurou até 1953, quando a nascente CNBB mudou a festa para doze de outubro. Em 1980, por ocasião da visita de João Paulo II ao Brasil, o Presidente General João Batista Figueiredo promulgou a Lei 6.802 de

[6] Cf. Livro do Tombo Paróquia de Aparecida, vol. II, fls 12. No ACMA.

30/06/80 e publicou no Diário Oficial no dia 1º de julho de 1980, sendo o dia 12 de outubro feriado nacional em honra à Padroeira do Brasil.[7] Por ocasião dos 250º aniversário do encontro da Imagem, em 1967, começou a ser realizada uma homenagem fluvial no Rio Paraíba do Sul, que perdurou até 1978. Ultimamente se faz uma procissão memória, na noite véspera do feriado, da basílica nova para o Porto Itaguaçu, local do encontro da imagem.

No começo do século, a maior liderança política nacional era de Guaratinguetá, o Conselheiro Francisco de Paula Rodrigues Alves. De 1903 a 1906 assumiu como quinto Presidente da República do Brasil. Foi eleito novamente em 1918, mas contraiu a gripe espanhola e faleceu sem tomar posse. Nas tratativas para a coroação da imagem de Nossa Senhora, o Superior dos Redentoristas em Aparecida, Padre Gebardo Wiggermann, manteve vários encontros com o Presidente, pois eram amigos e intercambiavam cartas e visitas de cortesia. Na solenidade de coroação, ele não esteve presente, apenas enviou telegrama de felicitações aos Bispos. Como político, nunca favoreceu a emancipação de Aparecida, que ficou sob Guaratinguetá até 1928.

---

[7] Cf. www.a12.com – Celebra-se, também, neste dia, o dia das crianças e o dia que os espanhóis aportaram em nosso continente americano.

Para comemorar o quinquagésimo aniversário do dogma da Imaculada Conceição, lideranças da Igreja organizaram uma festa para coroar a Imagem de Nossa Senhora, em 1904. Nessa ocasião, Dom Joaquim Arcoverde tinha sido transferido para o Rio de Janeiro, em 1897. Pela diocese de São Paulo havia passado Dom Antônio Cândido Alvarenga, transferido da Diocese do Maranhão para São Paulo, onde permaneceu de 1899 a 1903. Em 1903, tomou posse Dom José Camargo de Barros, vindo da Diocese de Curitiba. Foi ele quem coroou a imagem. Infelizmente, Dom José faleceu em 1906, quando houve o naufrágio do navio sírio, no litoral da Espanha. Seu corpo jamais foi encontrado.

Os Bispos da Província Eclesiástica Meridional, com sede no Rio de Janeiro, liderados por Dom Joaquim Arcoverde, fizeram uma petição ao Papa Leão XIII, ainda em 1901, quando houve uma conferência dos Bispos em São Paulo. Padre Wiggermann, escrevendo ao Superior-Geral dos Redentoristas, em 1902, informou-nos sobre o assunto: "Os Bispos, na última Conferência realizada em São Paulo, resolveram, inspirados por Dom Arcoverde, pedir a Roma a autorização de coroar a imagem milagrosa de Nossa Senhora solenemente. Virão muitos bispos para a solenidade; mas há de passar bastante tempo, até que se realize".[8]

[8] Copresp A, vol. III (1902-1904), carta 463, de 18 de janeiro de 1902. No ARSP.

Não passou tanto tempo assim. Dom Arcoverde era o idealizador e esteve envolvido na organização do evento. Aparecida pertencia a sua Província Eclesiástica, isto é, Arquidiocese do Rio de Janeiro, e a Diocese de São Paulo vivia uma transição com a morte de Dom Alvarenga e a chegada de Dom José Camargo. Em novembro de 1903, Dom Arcoverde passou uma semana na comunidade dos Redentoristas em Aparecida, cuidando dos pormenores, com o Vice-Provincial Padre Wiggermann.[9]

O pedido dos Bispos fora feito depois da Conferência de 1901, e, em 28 de dezembro de 1903, a Santa Sé emitiu o decreto concedendo realizar a solenidade.[10] A data pensada era o dia oito de dezembro, mas foi antecipada para oito de setembro de 1904. A reunião dos Bispos da Província Meridional seria em Mariana (MG), em agosto de 1904. Dom Arcoverde escreveu aos Bispos transferindo-a para Aparecida e dizendo que seria oportuno que todos participassem

---

[9] Documenta 1, Crônica da Comunidade Redentorista de Aparecida, vol. I, 1894-1907. No ARSP. Também Copresp A, vol III, (1902-1904), carta 636, de 11 de novembro de 1903. "Afinal consigo escrever-lhe uma carta mais longa. Depois de minha volta de Goiás, D. Arcoverde passou uns seis dias entre nós acertanto o necessário para a coroação da imagem a realizar-se no dia oito de dezembro do próximo ano."

[10] Documento no ACMA, original língua latina, ano 1903.

e, em seguida, faria a coroação da imagem.[11] Em fevereiro de 1904, tudo estava acertado, e, com razão, Dom Arcoverde, Arcebispo do Rio de Janeiro, fora autorizado a proceder a coroação.[12]

Antes de narrar a realização da coroação, fazem-se necessárias algumas indagações sobre o contexto político e eclesial do início do século no Brasil. O regime republicano estava com apenas quinze anos no comando do governo da nação. Passou para a história como os primeiros quarenta anos de República Velha. Daí já se tem uma ideia de como agiram os governos: oligarquias centradas numa economia à base do mundo rural e ressentida com a abolição da escravatura.[13] O Vale do Paraíba foi um retrato fiel desse quadro, pois saiu de Guaratinguetá um político para Governador do Estado

---

[11] Copresp B, vol. II, (1898-1905), carta 454 de 31 de janeiro de 1904. Circular de Dom Joaquim Arcoverde aos Bispos da Província Meridional. No ACMSP.

[12] Copresp A, vol. III, (1902-1904), carta 661, de 24 de fevereiro de 1904. Dom Arcoverde e Padre Gebardo eram amigos, com vasta correspondência no ARSP. Durante toda a sua vida, mesmo sendo Arcebispo do Rio de Janeiro, Cardeal em 1905, ele jamais deixou de ser amigo e "protetor" dos Redentoristas da Vice-Província Bávaro Brasileira. No sermão que Dom Arcoverde fez no dia da coroação, ele rasgou elogios aos Redentoristas. Parte de Santo Afonso para chegar a esse ponto: «Como são doces e suaves os louvores de Maria proferidos por vossos lábios nas vossas prédicas! Como são agradáveis as considerações sobre Maria Santíssima que fazeis nos vossos comentários!».

[13] Cf. Cláudio Bertolli Filho, "Entre o Regional e o Nacional: o Vale em questão", in: G. Chalita (org), *Vale do Paraíba – Política & Sociedade*, Vale Livros, Aparecida, 1993, p. 24-33.

e Presidente da República que, ainda que fosse tratado por Conselheiro, representava o coronelismo de toga.

A Igreja, depois do sentimento de orfandade com o fim do Padroado, percebeu que podia dar passos maiores sem o gerenciamento do governo.[14] Mas, no começo do século, os Bispos começaram uma reaproximação do Governo, ora por benesses e verbas ora pelo saudosismo do "casamento" trono e altar, formando até mesmo um partido católico.[15] Não faltou quem criticasse essa volta; ainda assim, a cúpula da Igreja, aos poucos, ia tentando progredir nesse intento.[16] Ensino religioso nas escolas, favores para entrada de Congregações religiosas masculinas e femininas vindas do exterior, verbas para Santas Casas, asilos... Em tão pouco tempo, a Igreja pareceu que não havia aprendido a lição dos anos em que o peso do Estado esteve sobre suas costas.[17] Dom Joaquim Arcoverde foi o protagonista, em primeiro lugar, nessa fase de

---

[14] Cf. Dilermando R. Vieira, *O processo de reforma e reorganização da Igreja no Brasil (1844-1926)*, Editora Santuário, Aparecida, 2007.

[15] Oscar de F. Lustosa (org), *Igreja e Política no Brasil – do partido católico à LEC (1874-1945)*, Edições Loyola, São Paulo, 1983.

[16] Neste começo de século, quase como "uma voz que clama no deserto", foi o Padre Júlio Maria de Morais Carneiro a proclamar que a Igreja precisava fazer aliança com o povo e deixar os salões e gabinetes do Governo. Padre Júlio entrou para a Congregação Redentorista na Província do Rio de Janeiro e faleceu em 1916. Veja: Padre Júlio Maria, *A Igreja e o Povo*, Edições Loyola, São Paulo, 1983.

[17] Oscar de F. Lustosa, *A Igreja Católica e o Regime Republicano – um aprendizado de liberdade*, Edições Loyola, São Paulo, 1990.

Restauração da Igreja. Esse período foi de 1900 a 1931. A coroação da Imagem poderia ser um instrumento útil para a Igreja mostrar que estava caminhando com suas próprias pernas. Há, também, a interpretação de que o ato foi em prol da pastoral, mesmo depois de cem anos passados.[18] Conferência dos Bispos, Carta Pastoral e Catecismo e cuidado com os santuários, Missões Populares eram os meios para mostrar a força da Igreja.[19]

Interessante que Dom Joaquim articulou tudo. Ele devia coroar a imagem. Cedeu a vez, por assim dizer, ao recém-chegado Bispo de São Paulo, Dom José Camargo. Mas, mais importante que coroar a imagem, era presidir o pontifical. Isso ficaria bem para o Núncio, pois faria *bella figura* diante do representante do Papa. Sua tática funcionou, tanto assim que, um ano depois, quando o Brasil disputava com a Argentina o primeiro chapéu cardinalício para a América Latina, ninguém menos que Dom Joaquim Arcoverde... ele mesmo, agraciado, foi criado o primeiro Cardeal brasileiro e latino-americano.

---

[18] Zilda A. Ribeiro, *Centenário da Coroação – da sempre Rainha Nossa Senhora Aparecida (História e Acontecimentos)*, Editora Santuário, Aparecida, 2004. Interessante o texto publicado na Polianteia do Centenário, em 2004 e nos "Ecos Marianos", em 1984, ocasião dos 80 anos da coroação. O título é "Minha romaria de 1904", de Flávio Cavalca de Castro.

[19] Cf. "Pastoral Collectiva dos Bispos da Provincia Ecclesiastica Meridional communicando ao Clero e aos Fieis o resultado das Conferências dos mesmos", no Sanctuario da Apparecida de 1 a 7 de setembro de 1904, Rio de Janeiro, 1904.

Dom José Camargo de Barros escreveu ao Núncio Apostólico Dom Júlio Tonti, para participar das celebrações em Aparecida. O Núncio demorou a responder; em agosto Dom José repetiu o convite.[20] Mas, revelando os bastidores e as intenções por nós preconizados aqui, vale transcrever a carta de Dom Joaquim a Dom José de Barros, poucos dias antes da coroação.

> Rio de Janeiro, 24 de agosto de 1904
> Reservada
> Exmo. Amigo Sr. Bispo!
> Dom José Camargo de Barros,
> Recebi sua carta. É de alta conveniência que o pontifical de 8 de setembro, que é o da Coroação, seja oficiado pelo Núncio Apostólico e nós lhe faremos coroa, e será uma magnífica coroa.
> Do Santo Padre houvemos o grande favor da Coroação; o Arcebispo da Província é o delegado para coroar a imagem; não é muito que assistindo o representante do Santo Padre, este pontifique. Estas coisas têm, em Roma, boa repercussão em honra do nosso episcopado.
> Daqui não vão os nossos cônegos, nem os há; os poucos que poderiam ir precisam oficiar na catedral; os outros estão caídos de moléstias crônicas, e outros são velhos e achacados. É, pois, necessário e honroso para esse cabido dar o contingente necessário.
> Vossa Excia., sem nada dizer a respeito do pontificante, mandará vir daí os necessários cônegos para o pontifical. Eu pretendo fazer ao evangelho uma oração em

[20] Cf. Copresp B, vol. II (1898-1905), cartas 470 e 479, de 25 de junho e de 21 de agosto. Original no Arquivo Secreto Vaticano, Busta 100, fasc. 493.

latim; seria bom que V. Excia. fizesse, no fim do pontifical e imediatamente antes da Coroação, um breve discurso ao povo, discurso gratulatório pelo que se vai fazer, que tudo reflete em glória da Diocese, da nossa Província e de todo o Brasil, em glória do Santuário, porque a Santa Sé, por meio do Cabido do Vaticano, reconhece com um ato solene a antiguidade do Santuário e a grande celebridade da imagem pelo grande número de seus milagres, e terá então a procuração que o Cabido, por permissão do Santo Padre, manda ao Arcebispo, que em nome dos Srs. Bispos da Província requerem a Coroação.

Na entrada da procissão seria bom que pregasse um bispo de voz forte e vibrante; poderá ser Dom Nery, que V. Excia. poderá convidá-lo desde logo.

Para pôr termo a esta, respondo a sua última pergunta; deverão servir na Coroação também os cônegos daí, pois eles houveram-se galhardamente no desempenho de sua comissão. Tenho muito que dizer-lhe **os ados***.

Adeus, até a Aparecida, querendo Deus.

Irmão afeiçoado em Cristo.

P.S. Em tempo, devo dizer-lhe que o Abade de São Bento e um Sr. Bispo grego, nosso colega, desejam assistir às festividades da Aparecida; será bom que V. Excia. os mande convidar, tendo aí um Mosteiro de São Bento. O Abade chama-se D. Gerardo van Caloen – previna aos Padres Redentoristas.

† Joaquim, Arcebispo do Rio.[21]

*No final do século e começo deste, alguns bispos usavam em suas cartas sinais e códigos. Observação feita pelo Padre Júlio Brustoloni.

[21] Copresp B, vol. II (1898-1905), carta 481, de 24 de agosto de 1904. Original no ACMSP.

Pois bem, vamos aos fatos, numa tentativa de deixar registrado o momento solene, até então, o mais importante e de repercussão nacional em torno da imagem e do Santuário. Em São Paulo, foi organizada uma Comissão Geral das festas jubilares da Imaculada Conceição. Presidente: Dr. Arcediago Francisco de Paula Rodrigues; tesoureiro: Conde de Prates (Eduardo da Silva Prates); secretário: Dr. Adolpho Augusto Pinto; Comissão de donativos: Conde de Prates, Conselheiro Dr. Manoel Antônio Duarte de Azevedo e Dr. Ismael Dias da Silva; Comissão de Peregrinação: Cônego Antônio P. Reimão, Mons. José Marcondes Homem de Mello e Comendador João Fagundes do Nascimento; Comissão do Monumento: Dr. Adolpho A. Pinto, Mons. Dr. Benedicto Paulo Alves de Souza, substituindo o Cônego Duarte Leopoldo, que em 1904 foi nomeado Bispo para Curitiba. Dr. João Antônio Oliveira Cezar (tesoureiro do Santuário) e Dr. José Vicente de Azevedo; Comissão dos Festejos de 8 de setembro: Arciprestes Ezechias Galvão da Fontoura, Cônego Antônio Augusto Lessa, Cônego Eugênio Dias Leite e Cônego Antônio P. Bicudo. Todos, pessoas graduadas e graúdas!

Depois da Coroação, Monsenhor Marcondes organizou um álbum contendo fotografias e discursos do evento da Coroação. Apresentou um histórico do encontro da imagem e do progresso das romarias e da construção da igreja concluída em 1888. Descreveu a missa pontifical, os Bispos presentes, o Núncio Apostólico no Brasil, Dom Júlio Tonti.[22] Depois transcreveu o discurso de Dom Joaquim, em latim, e a tradução para o português (Dom Joaquim proferiu seu discurso em latim); o sermão do Bispo de Petrópolis, em português, consagração a Nossa Senhora Aparecida, documento da Santa Sé concedendo autorização para a Coroação, Ata da Coroação assinada pelos Bispos, descrição do monumento inaugurado na Praça Nossa Senhora Aparecida; descreveu a procissão com a imagem, o sermão do Bispo de Pouso Alegre, Dom Nery, como havia sugerido Dom Arcoverde, e, por fim, a lista dos comboios com os respectivos diretores da romaria da Diocese de São Paulo. Mons. Marcondes falou da razão da Coroação.

[22] Presentes: Dom Júlio Tonti (Núncio), Dom Joaquim Arcoverde (Rio de Janeiro), Dom José Camargo (São Paulo), Dom Cláudio Ponce (Rio Grande do Sul), Dom Silvério (Mariana), Dom João Nery (Pouso Alegre), Dom Fernando Monteiro (Espírito Santo), Dom Joaquim Silvério (Coadjutor de Diamantina), Dom Eduardo D. da Silva (Goiás), Dom João Braga (Petrópolis), Dom Duarte Leopoldo (Curitiba), Dom José Lourenço (Amazonas), Dom Cyrillo Mogabgab, (Bispo de Zhalé, na Síria) e Dom Geraldo van Caloen, (Abade Vigário-Geral OSB). Reportagem no "Santuário de Aparecida", setembro de 1904. No ARSP.

A vida dos santos está cheia de milagres operados pelo contato de suas relíquias; as suas imagens e as da SS. Virgem tornaram-se célebres pelos milagres operados em favor dos seus devotos. É de bom senso, contudo, notar-se que Deus se aprouve em patentear as suas misericórdias de um modo notável e constante em relação a certas imagens determinadas mais do que em outras. Nesta Diocese, por exemplo, podemos apontar as imagens de Nosso Senhor, as de Pirapora, de Iguape e Tremembé; entre as de Nossa Senhora, as da Aparecida, da Penha e do Monte Serrate; entre as dos Santos, as de São Roque, São Braz e Santa Luzia em igrejas determinadas.
Esses milagres e essas graças extraordinárias alcançadas pelo culto tributado a tais imagens são publicados e caem no domínio do conhecimento de todos, sem que a santa Igreja venha autenticar tais fatos com sua autoridade. Contudo, há imagens que, cercadas da veneração secular e dos votos de gerações sucessivas, destacam-se, notavelmente, a ponto de a Santa Igreja vir pela autoridade do seu Pontífice supremo dar uma aprovação soleníssima ao culto, a veneração e a piedade prestada a tais imagens. É nisso positivamente em que se traduz a solenidade da Coroação de uma imagem, e é essa a sua própria significação.
Assim, a Coroação de Nossa Senhora Aparecida significa que a Santa Igreja aprova solenemente o culto de veneração, de piedade e de confiança que os fiéis de longa data tributam à Imagem de Nossa Senhora Aparecida, e simboliza essa sua aprovação coroando com uma coroa de ouro tão sagrada e veneranda Imagem. A Coroação é, portanto, uma cerimônia simbólica e deve, por isso, ter a sua razão natural, e é o que entramos a dar.[23]

[23] José Marcondes Homem de Mello, *Coroação de Nossa Senhora Apparecida*, Duprat &Comp., São Paulo, 1906, p. V-VI. A imagem já possuía manto e coroa, conforme descrições em documentos do século XVIII. Por isso a coroação solene era simbólica e cheia de significados para os devotos.

Temos alguns relatos sobre a coroação, do cronista da Comunidade Redentorista e de algumas cartas enviadas à Europa. Com o Abade beneditino, eram quatorze os mitrados. Romarias do Vale do Paraíba, do Rio e Janeiro e de São Paulo. Calcularam-se umas quinze mil pessoas lotando a praça em frente à igreja. No dia oito, às três da madrugada, os Bispos começaram a rezar as missas, no altar-mor e nos altares laterais. Um dia antes, sete de setembro, comemorando o dia da Independência, os Bispos cantaram o *Te Deum* na igreja, em agradecimento pelo Brasil independente.

Vamos transcrever a carta de Padre Gebardo, pois ele participou de toda a organização. No dia da coroação, ele mesmo foi quem levou a coroa em uma almofada, processionalmente, para que o Bispo de São Paulo fizesse a coroação. Na sua carta, ele apenas não menciona o monumento comemorativo, em frente à basílica, com a estátua de Maria Imaculada, medindo uns sete metros, incluindo a base. Quando escreveu esta carta, ele já estava morando em Goiás, sendo o Vice-Provincial, Padre Roberto Hansmair, seu substituto.

> Campininhas de Goiás, 8 de janeiro de 1905
> Revmo. Padre Pedro Oomen
> DD Procurador-Geral da CSSR,
> Embora um pouco tarde, venho desejar-lhe todo o bem para um ano novo. Deus menino lhe recompen-

se os trabalhos e sacrifícios feitos em favor da Congregação.

Havia prometido um pequeno relatório da Coroação da Imagem de Nossa Senhora Aparecida. Devo manter a promessa, ainda mais porque foi V. Revma. que providenciou os documentos.

A festa foi muito linda. No septenário, que precedeu, pregaram dois Jesuítas brasileiros. A igreja tinha sido pintada por dois dos nossos Irmãos, Bento e André, e estava muito bem adornada. Nove bispos da Província Sul do Brasil fizeram o Concílio Provincial durante o septenário, reunindo-se nas tribunas da igreja. Uma parte deles hospedou-se em nosso convento, a outra parte nos chalés de Nossa Senhora, junto ao convento.

Dois dias antes da festa, vieram o Núncio Apostólico e os Bispos de Goiás e Amazonas, um Abade e um bispo sírio. Eram treze os mitrados, sem o Abade. O pontifical e a coroação foram realizados ao ar livre, num altar levantado no átrio da igreja. O tempo foi favorável à solenidade toda, que durou das 9 às 12 horas, nem sol nem chuva; céu nublado até o momento da coroação. Verdadeiro milagre de São Geraldo.

O Núncio celebrou a missa pontifical; ao evangelho, falou em latim, longa e eloquentemente, o Arcebispo Dom Arcoverde. Copiei do manuscrito que ele me deu para ler a passagem sobre os Redentoristas; segue junto em folha à parte. O Arcebispo do Rio, promotor de tudo e que foi jurisdicionado para a coroação, delegou seu poder ao Bispo de São Paulo, que coroou a Imagem.

A coroa usada na coroação foi a que Princesa Isabel, filha do último Imperador, oferecera a Nossa Senhora anos atrás. Antes da coroação, falou o Bispo de Petrópolis; foi breve, mas arrebatador, lendo em seguida os documentos papais.

> Seguiu-se o ato de consagração a Nossa Senhora, lido pelo Bispo e repetido palavra por palavra pelo povo ajoelhado na praça. Foi uma cena comovente. À tarde houve procissão, na qual tomaram parte todos os bispos paramentados. Pela primeira vez isso aconteceu no Brasil. [...][24]

Passado o momento, a festa da coroação, é mister lembrar que esse ato projetou a devoção a Nossa Senhora ao Brasil todo. Mesmo com os meios precários de comunicação, no início do século, podemos constatar um crescente aumento das romarias e difusão do culto mariano no Brasil. Vamos elencar alguns fatores que ajudaram essa projeção.

Logo após as festas da coroação da Imagem, os Bispos agradecidos ao Papa Pio X subscreveram, para maior glória da Virgem Maria em terras brasileiras, a aprovação de um Ofício Litúrgico próprio, tanto para a missa como para o Breviário, requerimento datado de 9 de junho de 1905. Consta que o próprio Dom Arcoverde tenha sido o autor dos textos da Missa e do Breviário, e Dom Silvério, de Mariana, tenha feito a composição dos hinos litúrgicos. Em setembro de

[24] Copresp A, vol. IV (1905-1908), carta 706, de 8 de janeiro de 1905. No ARSP. Padre Gebardo pediu ao Procurador santinhos de São Geraldo. Ele comentou que o bom tempo, no dia da coroação, foi milagre do Santo Redentorista. São Geraldo havia sido canonizado em 1904.

1905, a Congregação dos Ritos aprovou os textos. E para completar a lista de boas notícias, em dezembro, saiu o cardinalato de Dom Arcoverde.[25]

Um dos primeiros fatos de projeção da devoção a Nossa Senhora começou antes da coroação. Após quatro anos que chegaram a Aparecida, os Redentoristas começaram uma Escola Apostólica, em 1898. Enquanto o sonho de Dom Lino não se concretizava, devido à demora no faraônico prédio sendo construído, os Redentoristas começaram o Seminário Santo Afonso, num chalé, nos fundos da antiga moradia, do antigo convento.

Em 1900, Padre Gebardo, Vice-Provincial, comprou maquinário de outros jornais e fundou o Jornal "Santuário de Aparecida". Em 1904, ele mesmo compilou orações, cantos e anotações básicas de catequese e publicou "Manual do devoto de Nossa Senhora Aparecida". O jornal e o manual são os dois meios que propugnaram o nascimento da Editora Santuário, em anos posteriores.[26]

---

[25] Cf. João C. Machado, *Aparecida na História e na Literatura"*, Campinas, 1975, p. 60-62. Veja também nos Missais e Breviários depois de 1906.

[26] Em 1897, publicou-se em Aparecida, o "Livro do Romeiro", com conhecimento apenas de um número em dezembro de 1897. O diretor do livro foi Servulo Gonçalves. Com 32 páginas, traz, na página de rosto, "Santuário de Nossa Senhora Aparecida". Veja matéria no "Ecos Marianos", de 1984, em que se diz que esse único exemplar estava no arquivo da Professora Conceição Borges Ribeiro.

Para ornamentar a igreja, os Redentoristas contaram com um Irmão artista: pintor e escultor. Irmão Bento Hiebl veio para o Brasil nos inícios da fundação em Aparecida e foi responsável por diversas obras, que estão na atual basílica velha, e o crucifixo esculpido em madeira, no Colegião, no salão de palestras, em Aparecida. E diversas obras em outras igrejas de São Paulo e Goiás. Padre Gebardo mandou vir da Alemanha, uma via-sacra pintada pelo Irmão Redentorista Max Schmalzl, com molduras encomendadas em Regensburg.

Em 1902, uma Missão Popular Redentorista marcou a história dos Redentoristas e a história do Santuário. Era prática comum que, ao final de cada Missão, os Redentoristas deixassem um ícone de Nossa Senhora do Perpétuo Socorro nas capelas e igrejas para a devoção do povo missionado. Mas na Missão de Queluz, no Vale do Paraíba, os missionários levaram a imagem fac-símile de Nossa Senhora Aparecida. Foi uma iniciativa inspirada: os romeiros buscavam Aparecida para um momento de oração, sacramentos e sair da sua cotidianidade. Em contrapartida, os Missionários da Capela, como eram chamados, iam até o povo, por meio das Missões Populares. E, ainda mais: levavam o retrato, a imagem de Nossa Senhora Aparecida. Isso foi fundamental para a consolidação da Vice-Província bávaro brasileira e para o desenvolvimento da pastoral no Santuário.

Primeira turma de Missionários Redentoristas alemães que vieram para o Brasil, em 1894
(CDM Santuário Nacional)

Bispos que estiveram presentes à Celebração da Coroação de Nossa Senhora Aparecida, em 1904
(ARSP - Arquivo Redentorista de São Paulo)

Celebração da Coroação de Nossa Senhora Aparecida, em 1904
(ARSP - Arquivo Redentorista de São Paulo)

Celebração da Coroação de Nossa Senhora Aparecida, em 1904
(ARSP - Arquivo Redentorista de São Paulo)

X

A igreja torna-se basílica, e Nossa Senhora, Padroeira do Brasil

Dois fatos marcaram a trajetória da caminhada eclesial em Aparecida no começo do século: em 1908, a Diocese de São Paulo foi elevada à condição de Arquidiocese, e a igreja de Aparecida, declarada basílica, que é o lugar onde o basileu vai rezar.[1] No Império Bizantino, havia um sistema complexo de títulos nobiliárquicos, em que basileu poderia ser traduzido por soberano, rei de uma região de fala grega, helenófona. Em Roma, existem quatro basílicas maiores: São João no Latrão, São Pedro no Vatica-

[1] N.E.: Em Roma, as basílicas eram grandes edifícios onde se praticavam a justiça e administração. Constantino entregou basílicas para os cristãos as utilizarem como igrejas.

no, Santa Maria Maior no Esquilino e São Paulo fora dos Muros. E as basílicas menores estão espalhadas pelo orbe católico, como concessão da Santa Sé. Para a igreja de Aparecida, atual basílica velha, o título foi assinado em 29 de abril de 1908, pelo Secretário de Estado do Vaticano, Cardeal Merry de Val. O título de basílica menor para a igreja de Aparecida foi o primeiro do Brasil e o segundo da América Latina, sendo que o primeiro foi o de Nossa Senhora de Lujan, na Argentina. A dedicação/sagração da basílica aconteceu em 5 de setembro de 1909, pelo Arcebispo Dom Duarte Leopoldo, e a nova basílica recebeu as relíquias de São Vicente Mártir.[2]

Apenas sete meses após a tragédia que vitimou o Bispo de São Paulo, Dom José Camargo, Dom Duarte Leopoldo e Silva assumiu a diocese em abril de 1907. Como o seu predecessor, ele era bispo da Diocese de Curitiba. Se a Sé de São Paulo teve três episcopados curtos com Dom Arcoverde e Dom Alvarenga, e Dom José Camargo, Dom Duarte ficou por mais de trinta anos. Sua cidade natal, Taubaté, foi uma das causas de controvérsias durante o seu episcopado.

---

[2] Cf. Decreto de Pio X, transcrito no Livro do Tombo II, fls 56. No ACMA. O Jornal "Santuário de Aparecida" publicou o texto em latim, em 26 de março de 1908, e a tradução em 4 de julho de 1908.

Em junho de 1908, Pio X criava a Arquidiocese de São Paulo e elevava Dom Duarte a Arcebispo da nova Província Eclesiástica. A Diocese de São Paulo tinha 234 paróquias e foi assim dividida com as cinco novas dioceses sufragâneas: Arquidiocese de São Paulo, 43; Botucatu, 52; Campinas, 35; Ribeirão Preto 36; São Carlos 28 e Taubaté 40. A nova Diocese de Taubaté abrangia todo o Vale do Paraíba. O primeiro bispo viera da Diocese de Diamantina (MG), vigário do Serro (MG), e permaneceu como bispo de Taubaté por quase trinta anos.[3] Portanto, Aparecida passaria a pertencer à nova diocese. Mas em outubro de 1908, em Carta Pastoral, Dom Duarte afirmou o seguinte:

> Elevado por decreto especial da S. C. dos Ritos à categoria de Basílica Menor, o Santuário de N. Sra. Aparecida continuará sob jurisdição do Arcebispo Metropolitano, como um patrimônio sagrado de toda a Província, perdendo, pois, o seu caráter puramente local. É uma honra para o nosso tradicional e devotíssimo Santuário que, assim colocado em maior evidência, porventura se tornará o ponto convergente de toda a nação brasileira.[4]

[3] Cf. Ascânio Brandão, "Dom Epaminondas – trechos de uma biografia", in: REB/4 (1941), Vozes, Petrópolis, p. 785-796.

[4] Cf. Carta Pastoral de Dom Duarte Leopoldo e Silva, em 11 de outubro de 1908. No ARSP.

Dom Duarte enfrentou dois problemas. As coisas não foram assim recebidas pacificamente pelo clero da nova Diocese de Taubaté, pelo povo e, consequentemente, pelo Bispo Dom Epaminondas Nunes de Ávila e Silva. O primeiro foi por causa de questões de patrimônio, houve contendas entre Dom Duarte e o novo Bispo de Botucatu. O segundo refere-se ao Bispo de Taubaté e à questão do território de Aparecida, que, isoladamente, continuava pertencendo à Arquidiocese de São Paulo. Padre Júlio Brustoloni, em trabalho publicado sobre a história da administração do Santuário, disse o seguinte:

> A Arquidiocese de São Paulo foi criada pelo Papa Pio X, a sete de julho de 1908. O Vale do Paraíba, desde o município de Jacareí até o de Queluz, ficou sendo território da nova Diocese de Taubaté. Naturalmente o Santuário de Aparecida deveria pertencer a ela. Entretanto, a título de prover uma pastoral eficiente para o Santuário e, especialmente, para fundar e manter o Seminário Central do Ipiranga para toda a Província eclesiástica que coincidia com os limites do Estado de São Paulo, Dom Duarte Leopoldo e Silva, bispo de São Paulo, e Dom Joaquim Arcoverde, Cardeal Arcebispo do Rio de Janeiro, fizeram o jogo diplomático para reter para a Arquidiocese de São Paulo o rendoso Santuário de Aparecida. A nova Diocese de Taubaté ficou prejudicada com a divisão esdrúxula, e amargas eram as queixas de seu primeiro bispo, Dom Epaminondas, que contava com minguados recursos para manter a sua diocese.

A Sagrada Congregação Consistorial determinava, na ocasião, que o Arcebispo de São Paulo prestasse contas da administração financeira do Santuário aos Bispos sufragâneos. Mais uma vez entra o jogo político, e orientado por Dom Arcoverde, Dom Duarte pleiteou e conseguiu que a prestação de contas fosse feita àquele Dicastério Romano e não aos bispos sufragâneos.[5]

Antes mesmo da divisão da Diocese de São Paulo, Dom Joaquim Arcoverde afirmava ao Núncio Dom Alexandre Bovona: "V. Excia. convirá que o Sr. Bispo de São Paulo fique com a plena jurisdição do Santuário de Aparecida. Ele se compromete a fundar o Seminário Central e fundar também o patrimônio da diocese de Taubaté".[6] Em 1911, a Sagrada Congregação Consistorial emitiu protocolo atendendo reivindicação de Dom Duarte, mediada por Dom Arcoverde, sobre a questão da prestação de contas diretamente a Roma.

---

[5] Cf. Júlio Brustoloni, *História da Administração do Santuário de Aparecida,* edição do autor, Aparecida, 1998, p. 35-36. Dom Arcoverde, antes de viajar para Roma, pediu a Dom Duarte 4 mil intenções de missa para agradar os amigos por lá, pois devia tratar do assunto de Taubaté. Veja carta 570, de 15 de junho de 1908. No mesmo volume de cartas/documentos, escrevendo de Roma, ele confirmou as negociações. Copresp B, vol. III (1906-1921), carta 587, de 29 de outubro de 1908, no ARSP. Carta de Dom Joaquim Arcoverde a Dom Duarte: "Vou iniciar, amanhã, as práticas relativas a conseguir que o Arcebispo de São Paulo não tenha de prestar contas aos sufragâneos das rendas do Santuário de Aparecida. Vamos ver como isso ficará. Como está é que não pode ficar".

[6] Copresp B, vol. III (1906-1921), no ARSP, carta de Dom Joaquim Arcoverde a Dom Alexandre Bovona, em 17 de julho de 1907. No ARSP.

> Quanto à administração do Santuário de Aparecida, nosso Santíssimo Senhor, o Papa, após ter ponderado tudo maduramente, dignou-se estatuir que para o futuro sejam prestadas contas por V. Revma. somente a esta Sagrada Congregação Consistorial. No entanto, esta será feita deste modo: subtraídas antes as despesas tanto quanto a manutenção do Santuário como com o dote anual para a Arquidiocese de São Paulo, o que sobrar, depois de examinado por esta Sagrada Congregação, será empregado em partes iguais tanto para formar o patrimônio da Arquidiocese, de acordo com a prescrição da Bula de criação da mesma Província, como para ajudar a Diocese de Taubaté, de modo especial, fornecendo-lhe, quando disponíveis, estipêndios de missa.[7]

Dom Epaminondas, além das cartas reivindicatórias ao Núncio Dom Alexandre Bovona, usou os meios de comunicação da nova diocese, como o Jornal "O Lábaro", para denunciar a situação, reivindicar o território, a paróquia, o santuário e o cofre de Nossa Senhora Aparecida. A situação ficou tão desgastante que Dom Duarte pensou em transferência de diocese ou mesmo renunciar. A contenda durou mais de dez anos. E no fim, a Diocese de Taubaté não conseguiu o santuário mariano, tão perto da cátedra do Bispo. Ainda mais outra perda, pois havia outro santuário

---

[7] Copresp B, vol. III (1906-1921), no ARSP, documento 215/11 da S. C. Consistorial. Original no ACMSP.

na vizinha cidade de Tremembé, dedicado ao Senhor Bom Jesus. Mas, com a ascendência do Santuário de Aparecida, esse ficou no esquecimento, ainda que fossem devoções diferentes.[8]

A Igreja no Brasil vivia momentos significativos no que se refere ao crescimento das pastorais e organizações eclesiásticas. Em Roma, Leão XIII havia convocado e realizado o Concílio Plenário Latino-Americano em 1899. Após o Concílio, e com a separação do Estado, a Igreja cresceu em qualidade e quantidade, na criação de dioceses. Inúmeras congregações, sejam elas masculinas ou femininas, vieram para o Brasil no início do século. As Conferências dos Bispos, que antes eram apenas duas Províncias Eclesiásticas, a da Bahia e a do Rio de Janeiro, feitas no norte e no sul, passaram a ser realizadas com mais frequência. A Província Meridional, capitaneada por Dom Joaquim Arcoverde, promoveu cinco conferências: São Paulo, em 1901; Aparecida, em 1904; Mariana em 1907; São Paulo, em 1910; Nova Friburgo, em 1915. Em 1889,

---

[8] Em 2006, conversando com o Dr. Augustin Wernet, professor na Universidade de São Paulo, ele nos indicou uma tese que estava orientando e que devia ser defendida naqueles dias. Cf. cópia no ARSP: Isnard de Albuquerque Câmara Neto, "A ação romanizadora e a luta pelo cofre: D. Epaminondas, primeiro bispo de Taubaté (1909-1935)", USP, São Paulo, 2006. Isnard Câmara Neto, publicou também, sobre o mesmo assunto, *A questão de Aparecida e os Redentoristas*, Editora Santuário, 2009.

eram apenas doze as circunscrições eclesiásticas. Nos primeiros trinta anos do século XX, a Santa Sé criou cinquenta novas dioceses.[9]

Os Redentoristas, missionários da capela, aumentaram o número, sejam os que continuavam vindo da Baviera, sejam os brasileiros que, a partir de 1912, voltavam da Alemanha já ordenados. Assumiram os santuários no bairro da Penha, na capital paulista e do Bom Jesus, em Bom Jesus dos Perdões (SP). As Missões Populares iam de vento em popa... pregando em todo o Estado de São Paulo, Goiás, Sul de Minas Gerais, e, a partir de 1920, atingiram o Rio Grande do Sul, com fundação em Pelotas e Cachoeira (RS). Os Missionários sempre levando a imagem fac-símile de Nossa Senhora Aparecida nas Missões. As romarias organizadas começaram a aumentar. De modo especial as do Rio de Janeiro e de São Paulo. Com isso, o santuário recebia mais e mais romeiros, e a devoção ia sendo projetada ao país inteiro.

Em 1917, dois fatos marcaram o mundo: a revolução bolchevista na Rússia e o recrudescimento da I Guerra Mundial. Por outro lado, a Igreja recebia, com alegria, as aparições de Nossa Senhora de Fátima, em

[9] Cf. Maurilio Cesar de Lima, *Breve História da Igreja no Brasil*, Edições Loyola, São Paulo, 2004.

Portugal. Em Aparecida, comemoravam-se os duzentos anos do encontro da Imagem. Se, em 1817, o centenário não foi tão celebrado como deveria, por uma série de fatores, em 1917, houve, sim, homenagens a Nossa Senhora pelo bicentenário.

Na última edição do Jornal "Santuário d'Apparecida" de dezembro de 1916, iniciou-se uma série de artigos sobre a história da imagem, do encontro e do desenrolar do culto até aquela data, escrita pelo Dr. Brasílio Machado. O jornal trazia, em destaque, o que seria feito em homenagem a Nossa Senhora durante o ano de 1917.

Dom Joaquim Arcoverde de Albuquerque Cavalcanti, Arcebispo do RJ, primeiro Cardeal do Brasil e da América Latina
(CDM Santuário Nacional)

Dom Duarte Leopoldo, primeiro Arcebispo de São Paulo. Durante seu episcopado, o Santuário de Aparecida foi elevado à condição de Basílica Menor, em 1908
(CDM Santuário Nacional)

Vista panorâmica de Aparecida, em 1910
(CDM Santuário Nacional)

Matriz Basílica de Aparecida, em 1910
(CDM Santuário Nacional)

Romeiros em Aparecida na antiga rua *Calçada*, hoje rua *Monte Carmelo*, em 1908

Praça central em frente à Matriz Basílica, em 1910
(Arquivo Luiz Afonso de Freitas)

XI

Segundo Centenário do Encontro da "Milagrosa Imagem de Nossa Senhora Apparecida"

O Jornal "Santuário de Aparecida, durante todo o ano de 1917, publicou documentos relativos à história da Imagem e do Santuário. Publicou também documentos da Santa Sé, indulgenciando quem visitasse o Santuário, recebendo a comunhão eucarística naquele ano jubilar. Os dirigentes do Santuário estavam em sintonia com as normas de Roma para a realização daquele ano jubilar. No finalzinho de 1916, já se publicava parte da programação.

> No ano de 1917 faz duzentos anos que foi encontrada no Rio Parahyba a milagrosa Imagem de Nossa Senhora Apparecida. Para celebrar data tão auspiciosa, durante

todo o anno serão prestadas solemnes homenagens a Nossa Senhora Apparecida em sua Basílica.

Deixando para publicar mais tarde o programma dos grandes festejos que se realizarão com a presença do Exmo. Sr. Arcebispo e de outros Exmos. Srs. Bispos, damos hoje o programa, aprovado pelo Exmo. Sr. Arcebispo, dos actos que durante todo o anno se farão na Basílica.

No dia 31 de dezembro, à tarde o anno jubilar será inaugurado com repique solemne dos sinos, bênção precedida de reza solemne e iluminação das torres. No dia 1º de janeiro haverá Missa cantada solemne e à tarde procissão com a Imagem de Nossa Senhora.

Durante o anno, haverá, todos os dias, à tarde, reza solemne em louvor de Nossa Senhora, constando de terço, ladainha cantada, incensação da Imagem milagrosa e bênção do Santíssimo.

Todos os sábados haverá Missa cantada com pregação sobre Nossa Senhora.

No primeiro domingo de cada mez haverá Missa solemne e procissão.

Todas as festas de Nossa Senhora, também as que não são de guarda, como N. Sra. das Candeias e Anunciação, serão celebradas com solenidade;

A commissão administrativa
Padre José Sebastião, Vigário
Augusto Marcondes Salgado, Thesoureiro
Marcolino Antônio de Freitas, Secretário.[1]

O Vice-Provincial, Padre João Batista Kiermaier, havia pedido ajuda ao Superior-Geral para conseguir, junto aos Dicastérios romanos, documentos que favo-

[1] Cf. Jornal "Santuário d'Apparecida", Anno XVII, dezembro de 1916. No ARSP.

reciam as indulgências para o ano jubilar. Padre Geral conseguiu por meio do Cardeal Redentorista holandês que trabalhava na Cúria Romana sendo, posteriormente, Prefeito da Congregação da Propagação da Fé, atual Evangelização dos Povos, Willen van Rossum, bênção apostólica do Papa Bento XV. Padre Geral cumprimentou o Padre Vice-Provincial pelos festejos. Em outra ocasião, Padre João foi cumprimentado por erigir a Confraria de Nossa Senhora Aparecida, no ano jubilar. Era comum os Redentoristas erigirem a Confraria de Nossa Senhora do Perpetuo Socorro, mas em Aparecida foi instituída a de Nossa Senhora Aparecida.[2]

O Cardeal do Rio de Janeiro escreveu uma carta aos fiéis, não somente para a sua Arquidiocese, mas aos devotos de maneira geral, falando das indulgências do ano jubilar e convidando os devotos para comparecerem a Aparecida, em romaria, para a festa dia oito de setembro.[3] Dom Duarte também fez publicar uma carta/edital, em que convocava os fiéis da Província eclesiástica para a participação dos festejos.

---

[2] Copresp B, vol. III (1906-1921). Cartas 769 e 770, de Padre Patrício Murray a Padre João Batista, em 25 de junho e 17 de setembro de 1917. No ARSP.

[3] O Jornal Santuário de Aparecida publicou a carta, na íntegra, em 21 de julho de 1917. No ARSP.

Nesse ano jubilar, foi reeditado o Manual do Devoto de Nossa Senhora Aparecida, impresso na ocasião da festa da Coroação, em 1904. Em 1917, na sétima edição, recebeu revisão do Padre Gebardo e comentários positivos do Arcebispo Dom Duarte. Era uma maneira de os romeiros acompanharem a catequese e as orientações da Igreja, além das orações contidas no manual.[4]

A festa de Nossa Senhora era celebrada no dia oito de setembro. Em São Paulo, de quatro a sete, houve um importante congresso mariano. Em Aparecida, o pregador do novenário foi um padre Jesuíta, Luís M. Rossi. O Jornal Santuário de Aparecida dedicou a edição do dia oito de setembro, com artigos bem fundamentados de cunho teológico e mariano, a Nossa Senhora. Em frente à basílica, foi erguido um belo altar para a missa pontifical.

---

[4] Cf. Jornal Santuário de Aparecida, 11de abril de 1917. "Neste ano, em que se comemora o segundo centenário da invenção da sua veneranda imagem, multipliquemos todos, nós os devotados filhos de Maria amabilíssima, cujo patrocínio é esperança iniludível de eterna predestinação. Confirmando a nossa aprovação a este Manual de piedade, aumentando para cem dias a indulgência que anteriormente concedemos aos seus leitores, aproveitamos o feliz ensejo para renovar a consagração de todos os nossos caríssimos filhos à Santíssima Virgem Immaculada, sob o título de Apparecida, recomendando às suas bênçãos maternais a todos os seus verdadeiros devotos e servidores.
São Paulo, 7 de março de 1917. † Duarte, Arceb. de São Paulo". No ARSP.

> No dia oito, às três horas começaram as missas. Ainda de madrugada um trem chegou de São Paulo, com treze carros de primeira classe e, logo em seguida, outro, com mais treze carros de segunda classe. O número de comunhões foi de cinco mil. Chegaram com a romaria Dom Duarte, Arcebispo de São Paulo, Dom José Marcondes, de São Carlos, Dom Joaquim Mamede, auxiliar de Campinas, que pontificou com assistência ao trono de Dom Duarte. Dom Francisco Barreto, de Pelotas (RS), foi o orador. Vieram uns vinte e quatro padres e trinta e nove seminaristas de São Paulo. A missa pontifical foi às oito e trinta.[5]

Passadas as festas, um triste fato aconteceu em Aparecida. Em outubro de 1917, o Brasil declarou guerra à Alemanha devido ao torpedeamento de um navio. O clima hostil aos alemães estava por toda a parte. Num domingo à noite, dia quatro de novembro, pelas 22h00, um grupo de uns trezentos homens saíram de Guaratinguetá, foram a Aparecida, apedrejaram o convento dos Redentoristas e empastelaram a tipografia do Jornal Santuário. Os padres e irmãos tiveram de fugir pelos fundos do convento. O cronista anotou: "foi o dia mais triste para nós no Brasil".

No dia seguinte, o Padre Vice-Provincial veio a São Paulo a chamado do Arcebispo. Reuniu-se com o Arcebispo e teve a garantia do Governador Altino

[5] Documenta 2, Crônica da Comunidade Redentorista de Aparecida, vol. II (1908-1922). No ARSP.

Arantes de que nada iria acontecer aos Redentoristas alemães. Mas, por precaução, os padres, por alguns dias, dormiram em locais diferentes, nas casas de famílias amigas, como Celso Galvão e José Valadão. Naquela mesma segunda-feira, o secretário do Arcebispo emitiu uma nota sobre os alemães no Brasil, de modo geral. A nota tocava profundamente na comunidade religiosa do Santuário de Aparecida.

> Achando-se o Brasil em estado de guerra com a Alemanha, ordena S. Excia. o Sr. Arcebispo Metropolitano que, aguardando com calma e firmeza os sacrifícios que porventura venha a pátria a exigir dos sentimentos patrióticos do clero nacional, prestem os revmos. srs. vigários e demais sacerdotes da Arquidiocese, cada um na esfera de suas atribuições, todo o apoio que porventura lhe sejam reclamado pelas autoridades civis para garantia da ordem pública e defesa dos supremos interesses da nação. Fica absolutamente proibida em todas as igrejas a pregação em língua alemã, estando já tomadas as providências para que sejam fechadas as escolas alemãs e substituídos os vigários da mesma nacionalidade.[6]

Todos os padres alemães tiveram de comparecer à repartição pública onde foram interrogados pelas autoridades. Os alemães não podiam ter cargo de superior. Para reitor do santuário e vigário, foi nomeado

[6] Copresp B, vol. III (1906-1921). Carta 772, de 5 de novembro de 1917. Assina a circular, Cônego Dr. Martins Ladeira. No ARSP.

o Padre José Benedito da Silva tendo como auxiliar o Padre Nestor de Sousa. Isso foi um desgaste muito grande para a comunidade. Levou tempo para que a situação voltasse ao normal.

Em 1918, os aparecidenses puderam demonstrar o carinho e respeito com os Redentoristas. O jubileu de sacerdócio do fundador da Vice-Província, Padre Gebardo Wiggermann, foi uma festa solene com a participação do povo. Desde Rodrigues Alves, o Cardeal Arcoverde até o povo simples, todos fizeram questão de expressarem gratidão ao velho bávaro, pioneiro nos esforços para o melhoramento do santuário e da divulgação da devoção a Nossa Senhora Aparecida.[7]

No ano seguinte, 1919, aconteceu o jubileu de prata da fundação da Vice-Província. No fim de outubro, com a presença do Arcebispo de São Paulo, Dom Duarte, do Cardeal do Rio de Janeiro, Dom Arcoverde, e de autoridades de Guaratinguetá, houve a comemoração do jubileu da fundação. Irmandades, associações masculinas e femininas, banda de música, missas, discurso de políticos... uma festa que tocou o coração dos Redentoristas. Dom Arcoverde dizia sempre que o pedido que havia feito há vinte e cinco anos foi uma bênção para o santuário.

[7] Júlio Brustoloni, *Missionário do Povo – vida e obra do Padre Gebardo E. Wiggermann*, Editora Santuário, Aparecida, 1982.

Depois de vinte e cinco anos da presença dos Redentoristas, apresentamos a lista dos membros da comunidade e o resultado do trabalho deles, naquele ano de 1919. Havia o diretor do Seminário Santo Afonso, que morava no Seminário, o sócio e alguns Irmãos. Naquela época, funcionava na Praça do Santuário, onde está o Hotel Recreio. Os estudantes de teologia – Fráteres – estudavam e aguardavam a hora de irem para completar os estudos na Alemanha.

Padre João Batista Kiermaier, Vice-Provincial.

Padre Estevão Heigenhauser, reitor e vigário.

Padre Antônio Fischhaber, ministro da casa.

Padre Valentin von Riedl.

Padre Gebardo Wiggermann, admonitor.

Padre Lourenço Hubbauer, professor e ministro da chácara.

Padre Roberto Hansmair, prefeito dos estudantes professos.

Padre Antão Heckenblaickner, prefeito dos Irmãos, secretário.

Padre Oto Böhm, professor no seminário.

Padre Conrado Kohlmann.

Padre Thiago Klinger, diretor do Seminário Santo Afonso.

Padre José Benedito da Silva, sócio no Seminário.

Padre Orlando Lino de Moraes.

Padre Nestor de Sousa, professor no Seminário.

Padre Geraldo Pires, professor no Seminário.

Estudantes no curso de Filosofia e Teologia:

Fr. Miguel Poce;

Fr. Antônio Pinto de Andrade;

Fr. Antônio Penteado de Oliveira;

Fr. Vítor Coelho de Almeida;

Irmão Afonso, chácara;

Irmão André, Seminário;

Irmão Hermenegildo, portaria;

Irmão Melchior, Seminário;

Irmão Nepomuceno, alfaiate;

Irmão Simão, marceneiro;

Irmão Bonifácio, alfaiate no Seminário;

Irmão Baltasar, cozinheiro.

Portanto, a comunidade tinha quatorze padres, quatro estudantes, dois de filosofia e dois de teologia, e oito Irmãos. Vinte e seis confrades, direta e indiretamente, a serviço do santuário. Alguns ajudavam no Seminário, outros moravam no Seminário e atendiam ao Distrito de Roseira. Eis o resumo dos trabalhos apostólicos daquele ano de 1919:

Batizados: da paróquia 119, de fora 595.

Casamentos: da paróquia 17, de fora 268.

Comunhões: 62.500

Enfermos visitados: 313.

Sermões: 300.

Encomendações: 66.

Retiros: 4.

Constam também, no atendimento à capela de Roseira, 240 crianças batizadas e 45 casamentos feitos e outros atendimentos pastorais. Auxílio em outras paróquias, com atendimento de 9.919 confissões; quatro desobrigas; ajuda dos padres em nove Missões com os Padres da Comunidade Redentorista da Penha, onde atenderam mais de onze mil confissões e crismaram quase três mil crianças. Um belo retrato, depois de vinte cinco anos, quando pouco ou nada se fazia de catequese ou evangelização no santuário.[8]

Com todo esse trabalho e o número de romeiros sempre aumentando, a Vila de Aparecida continuava o embate da emancipação política e administrativa, na tentativa de tornar-se município, sendo a cidade de Aparecida a sua sede. Com a participação e o apoio do vigário, Padre Antão, Aparecida emancipou-se em 17 de dezembro de 1928. Padre Antão foi de fundamental importância quando, em 1924, mediou a paz no

---

[8] Documenta 2, Crônica da Comunidade Redentorista de Aparecida, vol. II (1906-1922), no ARSP.

conflito na capital paulista, entrando para a história como Revolução de 1924.[9] Como vigário e reitor do santuário, mesmo envolvido em questões políticas a favor da municipalidade de Aparecida, em setembro de 1928, ele enviou uma carta aos bispos do Brasil; nesse período, eram mais ou menos uns cem antístites. Ele pleiteava o título de padroeira do Brasil, para Nossa Senhora Aparecida. Antes, vejamos o que anotou o cronista sobre a emancipação de Aparecida.

> Enfim, depois de muito combater e trabalhar, Aparecida conseguiu emancipar-se de Guaratinguetá, tornar-se município independente. Trinta anos e mais, que suspiravam os habitantes desta localidade, por sua autonomia e de cinco anos a esta data trabalharam ativamente por tão sublime ideal e agora cantam vitória. Vários de nossos Padres, se bem que não intrometeram na política diretamente, todavia muito contribuíram para que os aparecidenses conseguissem sua vitória. Sabe-se que apressou muito este ato do Sr. Dr. Júlio Prestes, DD. Presidente de São Paulo, a intervenção do Clero. Por isso têm os nossos motivos para se alegrarem também com a decisão a respeito de Aparecida. O júbilo aqui foi como se deve imaginar, indescritível. Ao meio dia, no dia 18, ao chegarem os jornais com a faustosa notícia, repicaram-se os sinos de todas as

[9] Dom Duarte Leopoldo fez publicar uma Carta Pastoral em 4 de fevereiro de 1924, sobre o Movimento Político, em que recomendava confiança e proteção invocando Nossa Senhora Aparecida. Infelizmente o conflito estourou, deixando a capital paulista sob fogo cruzado pelos lados beligerantes.

> igrejas, subiram ao ar milhares de foguetes, a banda de música percorria as ruas etc. Isso continuou durante toda a tarde.
>
> À noite houve manifestações aos Padres Redentoristas, aos diversos senhores influentes do lugar, falando nessa ocasião diversos oradores. Para saudar os Padres, falou o Dr. Hélio Farjado, ex-delegado de Aparecida, respondendo ao bem elaborado discurso o Padre Reitor, Padre Antão, que pedia a todos que, no meio das justas alegrias, olhassem para a harmonia e pacificação da família aparecidense. Depois das manifestações entraram na cerveja que havia em abundância no largo da Basílica.[10]

Voltando ao assunto sobre a declaração de Nossa Senhora padroeira, Padre Antão escreveu aos Bispos, em 16 de setembro de 1928. Com apoio de Dom Duarte, de São Paulo, e da nova liderança da Igreja, Dom Sebastião Leme, Arcebispo do Rio de Janeiro, Roma atendeu ao pedido feito pelos responsáveis do Santuário. A Sagrada Penitenciaria Apostólica, por ordem de Pio XI, emitiu decretos em datas de 11 e 18 de fevereiro de 1929. Mas se esperava um documento do próprio Papa Pio XI. No congresso mariano realizado em se-

---

[10] Documenta 3, Crônica da Comunidade Redentorista de Aparecida, vol III. (1923-1928), no ARSP. Quem granjeou popularidade com a declaração do Padroado foi o Cardeal Dom Leme. Ele teve forças, pois era a liderança eclesiástica daqueles tempos, mas o começo de tudo partiu dos Redentoristas. Ainda que o cronista redentorista não tenha citado o seu confrade Padre Antão!

tembro de 1929, os Bispos reforçaram o pedido, que foi atendido em julho de 1930. Somado a esses esforços, Padre Antão conseguiu aprovação em Roma para que a Confraria de Nossa Senhora Aparecida fosse elevada à categoria de Arquiconfraria, com decreto de 3 de julho de 1929. Os decretos da Cúria Romana, outros documentos estão no Arquivo da Cúria de Aparecida. Interessa-nos, na descrição, os bastidores, os arranjos para o desempenho das atividades.[11]

Em setembro de 1929, foram realizados os festejos do ano jubilar, com um congresso mariano. O programa foi publicado no Jornal "Santuário de Aparecida" e "Almanak de Nossa Senhora Apparecida", edição de 1929. Do dia 30 de agosto a 7 de setembro, diariamen-

[11] Copresp B, vol. IV (1922-1950). Carta 1006, de 30 de outubro de 1928, de Padre Antão ao Padre Patrício Murray, Superior-Geral da CSSR. No ARSP. "Paternidade! No ano que vem completam-se 25 anos desde a coroação da Imagem de Nossa Senhora Aparecida. Já estão sendo dados os passos necessários para que 1929 seja declarado Ano Jubilar para a Basílica local e que Nossa Senhora Aparecida seja declarada, por meio de um decreto apostólico, Padroeira do Brasil. Com a aprovação do Sr. Arcebispo de São Paulo e dos Superiores de nossa Congregação, a Confraria de Nossa Senhora Aparecida deverá ser elevada à Arquiconfraria, para por toda a parte poderem ser fundados centros de devoção à querida Mãe das Graças. Solicitando para isto também a aprovação de Vossa Paternidade, peço, humildemente, queira fazer chegar com a possível urgência o requerimento anexo às mãos do Penitenciário-Mor e fazer tudo para conseguir rapidamente uma decisão favorável, pois o ano jubilar já não está muito distante, e eu gostaria de começar, já na entrada deste ano, os trabalhos para essa Arquiconfraria. No ano de 1918 passou um requerimento semelhante pelas mãos de V. Paternidade, referente à fundação da Confraria".

te, pregou um Bispo, a convite do Sr. Arcebispo de São Paulo. Missa de manhã, na basílica com comunhão geral, palestras para os homens na basílica e para as mulheres, na igreja de São Benedito. À noite, assembleia geral para todos. Reinauguração da Praça da basílica com o nome de Praça Nossa Senhora Aparecida.[12]

No dia 8, um domingo, conforme a programação: às sete horas, comunhão geral dos romeiros em louvor de Nossa Senhora; às dez horas, missa campal; às quatorze horas, beijamento da Imagem Milagrosa; às dezessete horas, procissão, *Te Deum*, bênção com o Santíssimo Sacramento. Toda a programação, os sermões, os bispos presentes, associações, cópias das cartas do Arcebispo convidando o povo em geral para o ano jubilar, carta do Reitor Padre Antão, documentos e fotografias foram publicados em "Polyanthéa das festas jubilares da coroação da Imagem Milagrosa de Nossa Senhora Apparecida -1904 setembro 1929".[13]

[12] Detalhes do novenário e do dia da festa, cobertura completa nas edições de 8 e 14 de setembro do Jornal "Santuário de Aparecida" e do cronista da comunidade redentorista de Aparecida. No ARSP. O cronista narrou que os trens vindos do Rio de Janeiro e de São Paulo desembarcaram milhares de pessoas no domingo, dia 8 de setembro. Um altar foi montado em frente à basílica, e as missas começaram as duas da madrugada. Como não havia concelebração, o cronista escreveu que, dentre os 70 sacerdotes e os bispos que celebraram na basílica, foram 400 missas durante os nove dias.

[13] Cf. Polyanthéa, supplemento do Alamank de Nossa Senhora Apparecida, editada pelos Padres Redentoristas – homenagem dos filhos de Santo Afonso à querida Virgem Immaculada Apparecida, 16 de outubro de 1929. No ARSP.

O Congresso Mariano foi além das expectativas, seja pela participação do povo, seja na adesão dos senhores Bispos em reconhecer a necessidade da declaração de Nossa Senhora Aparecida como padroeira do Brasil. Os Bispos fizeram uma petição ao Papa para que esse padroado fosse concedido. O secretário de Estado do Vaticano, Cardeal Eugênio Pacelli, assinou o documento do Papa Pio XI, em 16 de julho de 1930, atendendo ao pedido dos Bispos brasileiros.

> Pio XI, Papa
> Para perpétua lembrança
> Do Arcebispo de São Sebastião do Rio de Janeiro e dos outros Arcebispos, Bispos, Prelados e Prefeitos Apostólicos do Brasil, recebemos o pedido de nos dignarmos constituir Padroeira principal do Brasil a Bem-aventurada Virgem concebida sem mancha, vulgarmente chamada "Nossa Senhora da Conceição Aparecida". Nada nos parece mais oportuno do que aceder aos votos não só destes Antístites, mas também de todos os fiéis do Brasil, que com constante fervor e piedade tem venerado a Imaculada Virgem Mãe de Deus, quase desde os primeiros anos do descobrimento da região brasileira até aos nossos tempos. Da sua devoção filial e veneração para com a Virgem Imaculada boa prova é também o templo notável por sua construção e ornado de belas obras de arte, no qual se guarda a imagem antiga e prodigiosa da Bem-aventurada Virgem Maria sob o título de Aparecida. Multidões de fiéis vão de diversos lugares do Brasil em peregrinação a esse templo, a fim de implorarem o socorro e auxílio de Nossa

Senhora, cuja imagem, por decreto do cabido da Sacrossanta Patriarcal Basílica Vaticana, foi coroada com coroa de ouro no quinquagésimo ano depois da definição dogmática da Conceição Imaculada da Virgem. O Papa Leão XIII, de recente memória, anuindo aos votos gerais do Brasil, permitiu a celebração da festa da Bem-aventurada Virgem Maria sob o título de Aparecida e, além disto, o Papa Pio X concedeu Ofício e Missa própria da mesma festa.

Considerando tudo isso atentamente, julgamos dever deferir os pedidos de tantos Prelados, que o nosso Núncio Apostólico no Brasil largamente apoia com sua adesão, unindo com os mesmos Antístites os seus ardentes votos para que, por ocasião do vigésimo quinto aniversário da mencionada solene coroação, constituamos esta Virgem Imaculada, Padroeira de todo o Brasil diante de Deus. Tendo, pois, consultado o Cardeal da Santa Igreja Romana, Camilo Laurenti, Diácono de Santa Maria de Scala, Prefeito da Congregação dos Sagrados Ritos, "motu proprio" e por conhecimento certo e madura reflexão nossa, na plenitude de Nosso poder Apostólico, pelo teor das presentes Letras, constituímos e declaramos a Beatíssima Virgem Maria concebida sem mancha, sob o título de Aparecida, Padroeira principal do todo o Brasil diante de Deus, acrescentando os privilégios litúrgicos e as outras honras, que pelo costume competem dos fiéis do Brasil e para aumentar cada vez mais a sua devoção à Imaculada Mãe de Deus, decretamos que as presentes Letras estão e ficam sempre firmes, válidas e eficazes e surtem seus plenos e inteiros efeitos e favorecem amplissimamente aqueles a quem se referem ou se poderão referir; e assim se deve julgar e definir como certo, e torna-se desde agora inválido e nulo tudo quanto for tentado em contrário por quem quer que seja, sob qualquer autoridade, cientemente ou por ignorância. Não obstante qualquer coisa em contrário.

Dado em Roma, junto de São Pedro, sob o anel do Pescador, no dia 16 do mês de julho do ano de 1930, nono ano de nosso Pontificado.

Cardeal E. Pacelli, Secretário de Estado.[14]

Em 1930, alguns acontecimentos marcaram a história do país. Em abril faleceu Dom Joaquim Arcoverde. No final do ano, Dom Sebastião Leme recebeu o chapéu cardinalício. Era a liderança do episcopado brasileiro. Com Dom Duarte e os Redentoristas, começaram as tratativas para a solene proclamação de Nossa Senhora Aparecida como padroeira do Brasil. Em outubro, começou a Revolução, encabeçada por Getúlio Vargas. Na antiga política do café com leite, o cargo de presidente da República era alternado com Minas Gerais e São Paulo. Quando terminava o mandato do paulista Washington Luís, deveria entrar um mineiro. São Paulo rompeu o acordo com Minas, e o Governador de Minas, Antônio Carlos, passou a apoiar a candidatura de Getúlio Vargas. Júlio Prestes, de São Paulo, foi eleito. Minas Gerais, Paraíba e Rio Grande do Sul impediram a posse, desencadeando a Revolução de 1930. Getúlio saiu do Rio Grande do Sul

[14] Cf. Este e outros documentos no Arquivo da Cúria Metropolitana de Aparecida.

e tirou do poder o Presidente Washington Luís, por mediação de Dom Leme, que acabava de voltar da Europa, na condição de Cardeal. Em 30 de novembro ele rezava missa pela restauração da paz no Brasil.[15]

Com esses incidentes políticos, a data para a proclamação pública ficou estabelecida para 31 de maio de 1931. Na semana que precedia a data, houve na cidade do Rio de Janeiro, capital da República, uma Semana Mariana Paroquial e, em seguida, uma Semana Mariana Arquidiocesana. Dom Leme percorreu várias igrejas para ouvir os palestrantes. Debates, palestras e conferências de alto nível foram proferidos pelos responsáveis.[16]

A comissão formada para os eventos da proclamação e da semana mariana, ao final, enviou um telegrama a Getúlio Vargas, chefe do Governo Provisório, um agradecimento especial. Desde 1890, com a separação da Igreja e Estado, a Igreja vinha reivindicando o ensino religioso nas escolas públicas. Uns dias antes de a Imagem chegar à capital, Getúlio decretou o en-

---

[15] Riolando Azzi, "O episcopado brasileiro frente à Revolução de 1930", in: Síntese/12, Belo Horizonte, (1978), p. 47-78.

[16] Coletânea "Homenagens Nacionais a Nossa Senhora da Conceição Aparecida, Padroeira do Brasil, Rio de Janeiro, 17 a 31 de maio de 1931, Oficinas Gráficas do Jornal do Brasil, Rio de Janeiro, 1931. Um livro com todas as conferências das duas semanas marianas, fotografias e os destaques dos jornais da época. No ARSP.

sino religioso nas escolas. Começava a ganhar a simpatia do episcopado, e a Igreja passava a corroborar, legitimando o novo Governo.

Dom Leme fez publicar toda a programação para o dia 31 de maio. A imagem chegaria ao Rio, no dia 31, de trem e voltaria para Aparecida, na noite do mesmo dia 31. Ponto por ponto, desde as 13h00, grupos iriam se formando em locais indicados. A circular do Cardeal falava até a cor das vestimentas: Ordens Terceiras, Liga Católica, Filhas de Maria (mangas compridas e véu branco)... "terminará o ato na Esplanada do Castelo, com a leitura da fórmula da consagração do Brasil à Excelsa Padroeira".

Com o Governo Provisório, tendo à frente Getúlio Vargas, Dom Sebastião Leme recuperou a força da Igreja. Em 1931, ele reuniu um milhão de fiéis no Rio de Janeiro para a proclamação de Nossa Senhora Aparecida Padroeira do Brasil e, no final do mesmo ano, para a inauguração da estátua do Cristo Redentor.[17] Era o coroamento do processo de Restauração católica, e Dom Leme soube tirar proveito dessa proximidade com o Estado. No entender de Dom Leme, o novo Governo apoiava a Igreja ou a Igreja lhe faria oposição. Desde a sua Carta Pastoral, em 1916, quando assumia a Arquidiocese de Olinda e Reci-

[17] Cf. Alípio Casali, *Elite intelectual Católica e Restauração da Igreja*, Vozes, Petrópolis, 1995, p. 73-90.

fe, o Arcebispo sabia a que veio. Conseguiu desbancar o São Pedro de Alcântara e Nossa Senhora da Glória, como padroeiros principais do Brasil, e colocar Nossa Senhora Aparecida.[18] A imagem de Nossa Senhora Aparecida coroou o momento em que o Cardeal colocou o Chefe da nação para rezar diante dela. Sobre a viagem da imagem e a proclamação, vamos nos ater ao cronista do convento redentorista de Aparecida.

> Viagem triunfal da Imagem Milagrosa de Nossa Senhora Aparecida ao Rio de Janeiro, aos 31 de maio.
> A ida de Nossa Senhora Aparecida à capital federal foi um caso único na história do Santuário, também da História da Igreja no Brasil e talvez em todo o mundo. Ideia tão grandiosa somente podia vir de um Dom Sebastião que, além de ser um Príncipe da Igreja, é uma das grandes figuras da atualidade.
> Concebida a ideia, foi logo realizada, no curto espaço de algumas semanas. A primeira coisa que fez foi solicitar a licença do Sr. Arcebispo de São Paulo, o qual a concedeu de acordo com o seu Cabido, após sérias ponderações.
> Além de esclarecer o público, o Sr. Arcebispo Metropolitano baixou um decreto, no qual, além de manifestar a licença concedida, expôs os motivos da viagem da Imagem ao Rio

[18] Nossa Senhora da Glória é devoção da época da fundação da cidade do Rio de Janeiro. No século XVIII foi construída igreja e Irmandade, com igreja no Outeiro da Glória. Em 1819, Dom João levou uma das filhas para consagração a Nossa Senhora. Desde então, todos os descendentes da família imperial eram consagrados na Imperial Igreja do Outeiro. São Pedro de Alcântara foi Frade Franciscano, nascido na Espanha, e trabalhou em Portugal. Faleceu em 1562. Em 1826, por decreto do Imperador Dom Pedro I, o santo foi declarado padroeiro do Brasil.

e ao mesmo tempo declarou que era essa a primeira e a última vez que Nossa Senhora Aparecida deixava, por alguns instantes, a sua sede. O motivo principal era proclamar, com grande solenidade, na capital federal, o Padroado de Nossa Senhora. Isso já se tinha realizado solenemente, em Aparecida, em 11 de maio do ano passado [o cronista confunde 11 de maio, uma das festas de Nossa Senhora com 8 de setembro, quando houve festas jubilares e congresso mariano], por decreto do Santo Padre e agora queria Dom Sebastião realizar isso no coração do Brasil.

Para esse fim teve lugar um congresso mariano no Rio, começando com uma Semana Mariana Paroquial e depois uma Semana Mariana Arquidiocesana e terminando no dia 31 com a solene procissão e coroação da Imagem Milagrosa. [...] A Central concedeu abatimento nas passagens. Assim grande massa de povo afluiu. Mais de 20 Arcebispos e Bispos compareceram sem contar os muitos sacerdotes. Conforme o plano combinado, a Imagem Milagrosa devia partir na véspera e voltar no outro dia após terminar a procissão e a consagração solene. Já no dia 27 chegou o carro especial para ser enfeitado e transformado em um "carro capela". E esse carro de luxo é o do Presidente. Foi construído em 1908, quando o Rei de Portugal, Dom Carlos de Bragança, tencionava visitar o Brasil. Não realizou essa viagem, mas o carro foi usado pelo Rei da Bélgica, em 1922 e, neste mesmo ano, pelo Príncipe de Gales, e é o carro de luxo do Presidente da República. Não é, pois, necessário dizer que é um carro artístico e elegante.

O Irmão Carlos dirigiu o trabalho decorativo, coadjuvado por alguns empregados da Estrada e por algumas pessoas de Aparecida, sendo construído um altar, voltado para o lado de trás e enfeitado todo o resto do carro com flores. O trem especial constava, na íntegra, de três carros: o carro capela, um carro de luxo para a Comissão, que acompanhava, e o carro dos empregados.

O cronista narra, com gosto e sem economia de papel, vinte páginas no Livro de Crônicas, o evento, desde a saída da imagem até a sua volta. Meia dúzia de padres foram de São Paulo para Aparecida para acompanhar Dom Duarte. Uma comissão de Aparecida acompanhou a imagem, o Sr. Prefeito Américo Alves, Benedito Barreto, Júlio Braga, João Barbosa, José Valadão, Eliseu Chagas Pereira, Dona Sinhana Pires do Rio, Dona Norbertina, Dona Mariquinhas França, Senhorita Aparecida Encarnação. Dos Redentoristas, o Padre Vigário interino, Francisco Wand, Oto Maria e Padre Andrade. Antes tinham viajado Padre Macedo, João Batista e Irmão Carlos.[19]

Até aqui transcrição literal. De agora em diante, vamos compilar as informações. Em Aparecida, uma procissão foi formada da basílica até a estação, às 20h00 do dia 30. Era uma despedida. Aparecidenses e romeiros, em um silêncio nunca visto em todos os semblantes, demonstravam uma profunda emoção, para não dizer uma tristeza emocionante. Os seminaristas do Seminário Santo Afonso cantaram *Ave Maris Stella,* e o Arcebispo disse umas palavras de conforto aos que ficavam. Descrever o que foi a viagem seria impossível. Foi um verdadeiro triunfo. [...]

---

[19] Documenta 4, Crônica da Comunidade Redentorista de Aparecida, vol. IV. (1929-1940), no ARSP. Veja também edições do "Jornal Santuário de Aparecida", de 6, 13, 20, 27 de junho de 1931. Cobertura completa. No ARSP.

No Rio, desde as 4 da tarde, esperava em estrado especial S. Excia. o Presidente da República. Quando a imagem chegou, quase as seis horas, a Esplanada do Castelo estava totalmente iluminada com grandes holofotes. A Imagem foi tirada do carro andor pelo Arcebispo que a entregou ao Cardeal, que a beijou e deu-a ao Presidente da República. Foi feita a consagração e depois a coroação. Segundo cálculos, um milhão de pessoas estiveram presentes. Nunca se viu no Brasil ou mesmo no mundo uma reunião de povo tão grande como essa.

Na volta, o trem foi obrigado a parar em todas as estações, pois havia aglomeração de fiéis à espera da passagem da Imagem. A Imagem chegou a Aparecida, às sete e meia da manhã do dia primeiro de junho. Procissão e missa campal, pois não cabia a multidão na basílica. O dia inteiro foi como a movimentação de um domingo, pelo número de romeiros. "Os ecos da festa continuam e continuarão bem vivos...".

Nossa Senhora Aparecida foi aclamada oficialmente, pelo clero e pelo povo, Padroeira do Brasil. Dom Clemente Isnard, bispo beneditino, em artigo comentando a importância de Dom Leme e o incentivo que ele havia dado ao laicato, à certa altura do ensaio, falou da proclamação do Padroado de Nossa Senhora.

Aquela vinda de Nossa Senhora Aparecida ao Rio foi um poema à glória de Maria. A imagenzinha – feia e tocante que todos conhecemos – saiu em triunfo de sua basílica, entrou num trem especial, todo enfeitado, atravessou a noite fria iluminada pelos clarões de fogueiras e vibrante de aclamações. Desceu célere à Capital, onde chegou pela manhã. À tarde – uma tarde de maio, cor de pérola – houve a procissão. Dir-se-ia que o Rio de Janeiro todo enchia as calçadas das avenidas centrais e acumulava-se na grande esplanada da Consagração. Com seu séquito imponente – militares, prelados, Cardeal – precedida por brancas coortes, a estatuazinha singela passou, por entre flores, súplicas e um enorme clamor de veneração. Era um delírio de amor que, através da imagem, atingia a Mãe Celeste, a Imaculada, cujo nome o Brasil gravara, desde sempre, nas mil igrejas e capelas do seu imenso território, cuja proteção os nossos soldados de outrora invocaram em véspera de batalhas e cujas loas eram cantadas, nos vasos de guerra, à hora vespertina em que se desce a bandeira: "Senhora da Imaculada Conceição". Sim, era a mesma Virgem, amada no Brasil-República como fora no Brasil-Colônia e Império, como será em todos os tempos da longa história brasileira.

O Chefe do Governo e as altas autoridades do país assistiram àquele espetáculo inaudito. Viram a figura majestosa do Cardeal, ajoelhada aos pés da imagem, consagrar à Virgem o Brasil inteiro. Ouviram aclamações – a voz da multidão semelhante ao ruído das grandes águas, para falar como o Apocalipse, as preces litânicas recitadas por dezenas de milhares e vozes. Era um verdadeiro plebiscito em favor de um Ser celeste. Aquele povo acreditava...[20]

---

[20] Clemente Isnard, "O Cardeal Leme e a Promoção do Laicato Brasileiro", in: REB/27, (1967), Vozes, Petrópolis, p. 826-827.

Celebração do Bicentenário do encontro da imagem de Nossa Senhora Aparecida, em 1917
(CDM Santuário Nacional)

Bispos que estavam presentes na Celebração da Proclamação de Nossa Senhora Aparecida, Padroeira do Brasil, no Rio de Janeiro em 1931, com o então presidente Getúlio Vargas
(CDM Santuário Nacional)

Dom Duarte e o Cardeal Leme com a imagem de Nossa Senhora Aparecida, no Rio de Janeiro, durante a Celebração de Proclamação de Nossa Senhora, Padroeira do Brasil, em 1931
(CDM Santuário Nacional)

Celebração de proclamação de Nossa Senhora Aparecida, Padroeira do Brasil em 1931, no Rio de Janeiro
(CDM Santuário Nacional)

XII

Aparecida: de santuário/paróquia à Arquidiocese

Alguns fatos foram marcantes na década de 1930 e 40, para o Santuário de Nossa Senhora Aparecida. No dia 11 de maio de 1935, festa da Padroeira, foram sagrados os seis novos sinos para a basílica. A sagração foi oficiada pelo Arcebispo Dom Duarte. Com o esforço do Padre Antônio Penteado de Oliveira, reitor da basílica, foram comprados seis sinos de bronze, da empresa Colbachini, de Trento, na Itália. Depois dos sinos colocados nas torres da basílica, no dia 30 de junho de 1935, Padre João Batista Lehmann, da Congregação do Verbo Divino, fez uma conferência em Aparecida. Terminou sua palestra dizendo: "Cantai, pois, sinos da Basílica de Nossa Senhora Aparecida, as grandezas de Deus, as glórias de Maria Santíssima. Anunciai aos homens a boa nova da Redenção e sede sempre, como sois, o encanto, o consolo e a alegria do povo católico brasileiro!"[1] Para os festejos do tricentenário, na basílica nova, foi inaugurado, no fim de 2016, um campanário, com treze sinos importados da Holanda.

Com a morte de Dom Duarte, em 1938, foi confirmado, no ano seguinte, por Pio XI, para Arcebispo de São Paulo, o seu Bispo Auxiliar Dom José Gaspar de Afonseca e Silva. Mineiro de Araxá, Dom José Gaspar assumiu a Arquidiocese num momento difícil, pois começava a II Guerra Mundial. Dom José se mostrou muito amigo dos guardiães da pastoral do Santuário de Aparecida, fazendo várias visitas e se hospedando em seus conventos. Preocupado tam-

---

[1] Ecos Marianos, Aparecida, 1936, p. 35-41. "O primeiro sino, dedicado a Nossa Senhora, pesa 1.840 kg, com a inscrição latina: Ó Vós, que clemente assistis e ajudais ao povo brasileiro, ouvi benigna e olhai aos que cantam vossos louvores; o segundo sino, dedicado a São Paulo, pesa 1.245 kg, com a inscrição: Ó Cristo, Rei da glória, vinde trazer a paz; o terceiro sino, dedicado a Sant'Ana, pesa 861 kg, com a inscrição: Ó formosa Virgem, Mãe tão cara aos filhos, luz enviada do céu, mostrai aos viandantes o caminho da salvação; o quarto sino dedicado a Santo Afonso, pesa 490 kg, com a inscrição: Com seu misericordioso Filho abençoe-nos a Virgem Maria; o quinto sino dedicado a São Geraldo, pesa 337 kg, com a inscrição: Louvai ao Senhor com címbalos melodiosos; o sexto sino dedicado a São José, pesa 203 kg, com a inscrição: São José, rogai ao Filho por nós na nossa última hora." Em 1985, Padre Flávio Cavalca publicou matéria sobre os sinos no Ecos Marianos, na edição de 1985, p. 93-99.

bém com o bem-estar do romeiro e a necessidade de um novo espaço para oração, isto é, uma nova igreja para acolher os milhares de peregrinos, tomou providências e encaminhamentos para tal realização. As cartas e crônicas da década de 1940 estão cheias de referências: aumento dos romeiros, chegada de trens, caminhões, ônibus, automóveis... grupos e mais grupos de romeiros e o trabalho insano dos responsáveis, o aperto da basílica etc.

Em 1939, os Bispos do Brasil se reuniram para o Primeiro Concílio Plenário Brasileiro.[2] Padre Geraldo Pires, superior Vice-Provincial dos Redentoristas, participou e defendeu a necessidade de aprimoramento no atendimento aos romeiros em Aparecida. Dom José Gaspar era favorável à construção de nova igreja, pois o assunto era ventilado e pensado desde 1913, quando se preparava as comemorações do segundo centenário do encontro da Imagem.[3] Foi nesse

---

[2] Cf. Irineu R. Scherer, *Concílio Plenário na Igreja do Brasil – História da Igreja no Brasil de 1900-1945*, Paulus, São Paulo, 2015. Os Bispos elaboraram o documento pós-Concílio, em latim, não sendo nem mesmo traduzidos para o português. Reforçaram a Pastoral Coletiva de 1915, sendo que, em 1950, reeditaram a Pastoral de 1915, com adaptações e normas do Concílio de 1939. Até o Vaticano II, foi o *vade mecum* do clero no Brasil: "Constituições Eclesiásticas do Brasil".

[3] Copresp A, vol. VI. (1913-1920), cartas de Dr. Brasílio Machado ao Arcebispo Dom Duarte, em 6 de maio de 1913 e 10 de maio de 1913. No ARSP. Dr. Brasílio, já citado aqui, escreveu importante obra sobre Nossa Senhora e artigos para o Jornal Santuário de Aparecida, em 1917.

Concílio que os Bispos mudaram a festa de Nossa Senhora Aparecida para o dia sete de setembro. Ainda assim, algumas vezes, o Arcebispo resolvia celebrar a festa dia oito, deixando os padres em polvorosa, pois dependia de agenda para iniciar a novena, o dia da missa solene e procissão.[4]

Na primeira visita que Dom José Gaspar fez a Aparecida, como Arcebispo de São Paulo, em novembro de 1939, ele prometeu ao povo e aos Redentoristas a construção de uma nova basílica. O reitor na época, Padre Oscar Chagas, apresentou um plano de construção. A ideia da construção era para ser atrás da atual basílica velha. Mas os comerciantes não aceitaram vender um palmo sequer. Sorte tiveram os responsáveis!

Em 1940, ciceroneados pelo Padre Valentim Mooser, o arquiteto Clemente Holzmeister e outros engenheiros haviam escolhido o Morro do Cruzeiro para a construção da basílica. Chegaram até marcar o lançamento da pedra fundamental para o dia oito de setembro de 1942. Não aconteceu o lançamento, e o

[4] Documenta 5, Crônica da Comunidade Redentorista de Aparecida, vol. V. (1941-1953), veja dia 7 de setembro de 1941. "A festa que era no dia 11 de maio foi transferida para o dia sete de setembro. Infelizmente, a primeira vez que íamos celebrar, temos de lamentar que, por motivos por nós desconhecidos, o Arcebispo a transferiu para o dia 8".

cronista culpou o atraso dos trens da Central, pois o Arcebispo atrasou. Mas o terreno não era apropriado.

Em 1943, depois de conversações entre o Reitor do Santuário, Padre João Batista Kiermeier, o Vice--Provincial Redentorista, Padre Geraldo Pires, e o Arcebispo, Dom José Gaspar, escolheram um terreno de sessenta alqueires, que partia do Morro das Pitas até o Porto de Itaguaçu.[5] Um projeto grandioso, em que o bem-estar do romeiro estava em primeiro lugar. O Arcebispo foi pioneiro na valorização dos leigos na Igreja. Os Redentoristas contavam com a experiência de 50 anos no atendimento aos romeiros. Quando estava acertado para a compra, assinar as escrituras, Dom José Gaspar sofreu um acidente de avião, vindo a falecer. A aeronave caiu nas águas da baía da Guanabara, onde também morreu o jornalista Casper Líbero. O cronista da comunidade anotou, em 27 de agosto de 1943: "morreu nosso querido Arcebispo de São Paulo, Dom José Gaspar de Afonseca e Silva".

Em 1944, vindo de São Luís do Maranhão, outro mineiro, para Arcebispo de São Paulo: Dom Carlos Carmelo de Vasconcelos Motta. Antes de tomar posse da Arquidiocese, fez o seu retiro no convento redentorista

[5] Matéria sobre os procedimentos, entendimentos... no Ecos Marianos de 1943. O Jornal Santuário de Aparecida, ano de 1943, também traz material sobre as tratativas. No ARSP.

em Aparecida. Em 1945, voltou a Aparecida para conhecer os projetos que estavam em andamento e paralisados com a morte do seu antecessor. Ele prometera dar prosseguimento, pois via a necessidade de uma nova igreja.

Em junho de 1946, voltando do Rio de Janeiro, parou em Aparecida e reuniu-se com o Reitor da Basílica, com o Interventor do Estado, com o Provincial dos Redentoristas, e o assunto da construção entrou em pauta. Segundo o Provincial, Padre Pires, o Arcebispo teria dito: "fica decidido: vamos construir a nova basílica". Na ocasião, Dom Carlos Motta tinha ido ao Rio de Janeiro, onde houve uma consagração oficial ao Imaculado Coração da Virgem Aparecida. Firmou-se então o voto de que permanecesse, no Santuário, a Bandeira da Pátria, também no altar, ao lado da Imagem.[6] O Santuário ainda não tinha sido declarado nacional, o que aconteceu em 12 de outubro de 1984, pela CNBB.

No dia oito de setembro, como disse o cronista, o povo não se habituou à festa no dia sete; foi grande a movimentação religiosa. A festa de aniversário de coroação da Imagem foi grandiosa, e aconteceram, no dia dez, a bênção e o lançamento da pedra fundamental da nova basílica. Com a participação do Cardeal Patriarca de Lisboa, Dom Manuel Cerejeira, os Cardeais de

[6] Cf. Artigo de Dom Carlos Motta, em Revista "Ave-Maria", julho de 1946.

São Paulo, Dom Carlos Motta e Dom Jaime Câmara do Rio de Janeiro, houve a cerimônia no Morro das Pitas; muitos bispos, povo e Redentoristas também estavam presentes. Iniciou-se aquela que seria a maior igreja do Brasil. O projeto foi do arquiteto Benedito Calixto de Jesus Neto, que levou cinco anos em estudos e pesquisas. Ainda assim não foi original, pois foi uma adaptação da igreja da Imaculada Conceição, de Washington, para onde o engenheiro viajara para fazer suas buscas. Algumas missas passaram a ser celebradas no local, em momentos marcantes para início das obras e encaminhamentos de engenharia e arquitetura.[7]

Em 1946, houve um fato que talvez tenha passado despercebido à maioria dos devotos. Como falamos aqui no início de nosso trabalho, sobre a confecção da Imagem que é de barro cozido, jogada no rio, cabeça separada do tronco, colagem e reparos que a tornara muito frágil, sempre havia necessidade de reparos. Os responsáveis pelo Santuário resolveram fazer uma reforma na imagem. Reformaram o apartamento do Cardeal, no convento, e, no mesmo assunto, o cronista falou da reforma da Imagem. Transcrevemos, literalmente, o que ele anotou:

[7] Documentos sobre a construção no III Livro do Tombo da Paróquia de Aparecida. Reportagens de todo o processo nas edições do Jornal Santuário de Aparecida e Ecos Marianos.

> A Imagem de N. Sra. Aparecida também passou por reformas! Até agora a imagem verdadeira, cuja cabeça é separada do corpo, tinha sido colada com cimento, mas nunca de modo garantido, que a pusesse a salvo de qualquer risco. Na pintura das partes também não se havia atendido a formação da cabeleira, havendo uma grande falha na emenda que lhe truncava os vastos cabelos ao lado do pescoço. Após várias experiências e estudos, o Revmo. Padre Alfredo Morgado, coadjutor da paróquia, resolveu-se soldar a cabeça com massa mais perfeita e restituir a imagem à sua configuração primitiva, acrescentando-lhe parte da cabeleira, o que deu à Imagem aparência mais digna.
> Nossa Senhora é, pois, uma reprodução da Senhora Conceição, dos tipos antigos, como por exemplo o de Murilo. Nesse aparece ela, com efeito, com vasta cabeleira. Cremos que essa emenda foi, pois, para bem da história, d.d.: da forma primitiva da Imagem.[8]

Essa reforma gerou, posteriormente, controvérsias, dado que o "reformador" não era perito no assunto. Ele mesmo duvidava de sua capacidade para tal empreendi-

---

[8] Documenta 5, Crônica da Comunidade Redentorista de Aparecida, vol. V. (1941-1953). No ARSP. Veja o dia 29 de maio de 1946. Padre Morgado deixou anotado em documento, conservado no Arquivo da Comunidade de Aparecida: «29 de maio – passei o dia todo trabalhando com a imagem. Que pesadelo! Se a quebrasse... Afinal, às 15h00 horas, terminei o trabalho, tirei todas as placas de cera da terra com que andavam remendando a imagem. Fiz a ligação do cabelo, que da cabeça caía pelas costas da imagem. Completei uma madeixa de cabelo, à esquerda da imagem, e outra à direita, e mais o nariz. O restante deixei como estava. O Padre Luiz Lovato tirou cinco fotos da imagem: duas de frente, uma de cada lado e outra de trás. Às 16 horas e trinta coloquei a imagem no nicho. As Filhas de Maria, que então enfeitavam o altar, aproveitaram a ocasião para beijá-la».

mento. Quando a imagem foi quebrada, em 1978, esse assunto voltou à tona. Antes, porém, em 1950, apenas quatro anos depois do conserto do Padre Morgado, a cabeça soltou-se do tronco. Padre Antão, o reitor, encarregou o Padre Humberto Pieroni de fazer outro restauro. Foi colocado pino de alumínio, cimento e a imagem foi pintada na tentativa de "preservar" a originalidade. De 1959 em diante, todos os domingos a Imagem era levada em procissão para o Morro das Pitas, local de construção da basílica nova. Na década de 1960, depois do Golpe Militar, de 1965 a 1969, a Imagem peregrinou pelo país, sendo carregada ora em andor, nas mãos dos responsáveis – bispos e padres –, ora dada ao povo para beijamento, e isso fez com que apresentassem problemas, trincas no pescoço em sentido horizontal. Depois de 1965, os padres que trabalhavam no Santuário escreveram ao Cardeal, Dom Carlos Motta, pedindo e sugerindo que a imagem não saísse mais da basílica.[9] O pedido foi atendido, mas, até 1982, a Imagem ia em andor para o canteiro de obras da futura igreja, todos os domingos.

[9] Há tudo documentado e fotografado no ACMA. Há também apontamentos no Livro do Tombo. O Jornal Santuário de Aparecida, ao longo dos anos, procurou dar informações precisas sobre o estado de conservação da Imagem. É uma história fascinante, objeto de devoção e fé. Ainda assim, pode ser lida e interpretada – sem desmerecer a devoção e a fé – por viés jornalístico, como o livro do jornalista da Rede Globo, Rodrigo Alvarez, em 2014, sobre "Aparecida: a biografia da santa que perdeu a cabeça, ficou negra, foi roubada, cobiçada por políticos e conquistou o Brasil".

Outro assunto que ajudou na difusão do culto a Nossa Senhora foi a fundação da Rádio Aparecida.[10] Na década de 1950, a concessão de rádio era um instrumento e tanto para a evangelização. Nas décadas posteriores, na de 1960 e 70, a Rádio Aparecida alcançou projeção nacional, sendo a rádio católica com maior potência nas Américas.

O Reitor, Padre Antônio Andrade, muito se esforçou para a construção da nova basílica e também para a fundação de uma estação de rádio. Mais de uma vez foi vetada a negociação pelos seus superiores. Um ano antes, quando tudo parecia favorável, ele foi transferido de Aparecida, devido a calunias de políticos interessados na concessão, diante do Cardeal Arcebispo de São Paulo. Apenas alguns dias depois, quando Pio XII definiu como dogma a Assunção de Maria ao céu, no dia 18 de dezembro de 1950, o cronista anotou para os anais da história de Aparecida, do Santuário e dos devotos de Nossa Senhora:

> Finalmente, chega-nos a notícia alvissareira: a concessão definitiva por parte do respectivo Ministério do Rio para o funcionamento da estação de Rádio da Basílica. Foi, pois, vencida a última etapa numa luta por um melhoramento que se impunha para Aparecida. Essa luta

[10] Cf. Gilberto Paiva, *Rádio Aparecida – 50 anos de História*, Editora Santuário, Aparecida, 2001.

> teve fases com avanços e recuos. Em vários triênios (desde quando Padre F. Wand era vigário, por exemplo), a ideia surgira, fora discutida e desaparecera ante as dificuldades.
>
> Padre Antônio Andrade, desde o início de seu paroquiato, enfrentou a questão e, duas vezes, já na última fase e última hora, foi obrigado a recusar a licença já prometida ante a proibição formal dos Superiores: arquidiocesana e provincial.
>
> Dado o desinteresse das instâncias superiores eclesiásticas, um grupo de aparecidenses, chefiados veladamente pelo Sr. Américo Alves, prefeito aparecidense, pleiteou chamar a si a fundação e direção de uma rádio emissora com fins políticos e comerciais. De início, soube esse grupo, aproveitando a situação delicada existente entre o vigário e o Sr. Cardeal por motivo da antipatia ferrenha que o último nutria contra o primeiro, atrair para si o apoio das autoridades eclesiásticas.
>
> Entretanto o Padre Andrade continuou, apesar dos pesares, trabalhando e conseguiu finalmente não só ultimar as démarches principais no Rio, senão fazer compreender à autoridade arquidiocesana e provincial a necessidade de uma atuação rápida e decisiva para o grande melhoramento não cair nas mãos de leigos.
>
> É, pois, de justiça considerar o Padre Andrade como idealizador e fundador da rádio emissora aparecidense.

E no dia oito de setembro de 1951, aconteceu a fundação da Rádio Aparecida. O cronista deixou registrado também.

> Às 9h30 hs., missa solene, cantada pelo Padre Provincial com assistência pontifical de Dom Antônio de Siqueira e Dom Gabriel Paulino. Às 8h00 hs. Houve a inauguração da Rádio Aparecida ZYR44. Houve bênção do *studium* pelo Bispo D. Antônio Siqueira. Estiveram presentes vários personagens ilustres. De modo geral vemos realizado e concretizado um velho sonho: a Rádio Aparecida![11]

Uma figura providencial, logo após a fundação da Rádio, foi Padre Vítor Coelho de Almeida. Desde quando a rádio começou a operar, em 1951, até a sua morte, em 1987, ele foi presença atuante e vibrante na emissora. Teve participação fundamental na criação de uma associação, em que o ouvinte tornava-se sócio, contribuindo anualmente, tendo uma carteirinha de associado, pertencendo ao Clube dos Sócios. O clube chegou a ter um milhão de associados. Padre Vítor falou de teologia, cristologia, mariologia, direitos humanos, educação básica e sanitária, ajudando o povo, de modo especial da zona rural, na formação de comunidades de base. Soube usar com maestria os microfones da Rádio, de onde eram transmitidas as missas da basílica para todo o Brasil – a Rádio operava em ondas médias, tropicais e curtas –; soube dar catequese básica e ensinamento bíblico aos

---

[11] Documenta 5, Crônica da Comunidade Redentorista de Aparecida, vol. V (1941-1953), no ARSP. Veja anotações do dia 18 de dezembro de 1950 e 8 de setembro de 1951.

ouvintes. Entrou para a história o seu lema: "quem ajuda a pregação tem méritos de pregador". Seus restos mortais repousam no Memorial Redentorista, à sombra da basílica velha; em fase avançada está o processo para a sua Beatificação pela Congregação da Causa dos Santos.[12]

A Conferência dos Bispos do Brasil foi fundada no Rio de Janeiro, em 1952. Os Bispos do Brasil, com data de 15 de outubro de 1952, convocaram todos os católicos para um Congresso Mariano a ser celebrado em São Paulo, em 1954. Seria comemorado o IV Centenário da fundação da cidade de São Paulo. Coincidia também com o 50º aniversário da coroação da Imagem de Nossa Senhora Aparecida e o centenário do dogma da Imaculada Conceição. O Congresso seria realizado na capital e terminaria na cidade de Aparecida. A imagem de Nossa Senhora, pela segunda vez, voltava à capital. A primeira foi em 1945, quando o país vivia uma crise política que resultou na renúncia de Getúlio Vargas. Na segunda vez, em 1954, menos de um mês depois do suicídio de Vargas.[13]

---

[12] Cf. Gilberto Paiva, *Padre Vítor Coelho de Almeida – O Missionário da Senhora Aparecida*, Editora Santuário, Aparecida, 2014.

[13] Em 1932, durante a Revolução Constitucionalista, há informações de que a imagem tenha sido trazida de Aparecida e "escondida" em São Paulo. A imagem ficou no palácio do Arcebispo, pois o Vale do Paraíba foi local de combates entre as forças que queriam uma Constituição (paulistas) e governistas, do lado de Getúlio. A segunda vez, em 1945, devido à ideologia comunista, a imagem passou uma noite em São Paulo, sendo denominada "Noite de Nossa Senhora"; e, em 1954, para o IV Centenário e Congresso Mariano.

Interessante como esse Primeiro Congresso Nacional Mariano foi preparado com esmero e realizado com a pompa que a Igreja no Brasil ainda não havia assistido. Era a primeira vez que os Bispos do Brasil, enquanto Conferência, organizavam um evento dessa envergadura. Era a primeira vez que o Brasil recebia um legado "a latere", como representante do Papa Pio XII. Em 25 de março, Dom Carlos Motta escreveu uma Carta Pastoral, historicizando a trajetória do desenvolvimento do culto a Nossa Senhora Aparecida.

Dom Adeodato Gionanni Piazza desembarcou no Rio de Janeiro em primeiro de setembro. Foi recebido com honra de chefe de Estado, ainda que sendo apenas delegado "a latere". Foi homenageado no Catete, no Senado, no Supremo Tribunal Federal e na Câmara Federal. No dia três desembarcou em São Paulo, onde as honrarias não foram menores do que na capital federal. O Congresso foi de sexta-feira, dia 3, até terça-feira, dia 7 de setembro, em São Paulo. Dia 8, de manhã, todos foram em romaria para Aparecida, levando a Imagem de volta ao seu nicho, pois esta chegara à capital no sábado, dia 4. Nesse ano, no dia oito, o destaque era a volta da imagem para Aparecida, pois a festa da Padroeira seria realizada, pela primeira vez, no dia 12 de outubro. Depois do encerramento do Congresso, em Aparecida, no dia oito, os Bispos iniciaram a segunda assembleia da

CNBB, na cidade de Aparecida. Sobre os acontecimentos daqueles dias, em Aparecida, vamos nos reportar ao cronista da comunidade redentorista, ainda que a imprensa de modo geral tenha dado um grande destaque.[14]

> Desde manhã os romeiros e aparecidenses estavam aguardando a volta da imagem, seguida pela grandiosa caravana de automóveis. Muitos visitantes e peregrinos presentes. Às 10h30 mais ou menos começaram a chegar os primeiros carros da procissão automobilística. Pouco depois apontou o carro andor trazendo a imagem milagrosa. Júbilo e festa dos que estavam no local da futura basílica, esperando. Apenas chegada e recebidos os aplausos de boas-vindas, começou-se a missa rezada pelo Cardeal Legado, Dom Giovanni Piazza. No fim fez uma alocução Dom Gouveia, de Moçambique. Após o que o Legado reiterou a coroação da imagem. Infelizmente essa cerimônia foi um tanto fria, porque o próprio Legado pediu duas vezes que não se falasse durante a coroação. Depois o Cardeal de São Paulo lançou a primeira pedra fundamental da capela-mor da futura basílica. Estavam presentes o Governador do Estado de São Paulo, o representante do Governo Federal, o Prefeito local e outras pessoas gradas. Muitos bispos e padres. A grande praça não ficou repleta não. Os carros também não lotaram os seus lugares de estacionamento. Umas vinte mil pessoas apenas.[15]

---

[14] A Arquidiocese de São Paulo fez imprimir um álbum fotográfico com 42 páginas mostrando cada passo do evento. Foi publicada uma "Polianteia", pela Editora Ave-Maria, 1955, com todos os discursos, as teses e os sermões dos prelados. Material no ARSP.

[15] Documenta 6, Crônica da Comunidade Redentorista de Aparecida, vol. VI. (1954-1962), no ARSP. Em 1946, houve o primeiro lançamento e a bênção, mas a pedra "fundamental" fora violada e roubada!!

Em 1957, a aviadora Ada Rogato, desejando tornar Nossa Senhora conhecida do povo brasileiro, voou por todo o Brasil com uma imagem fac-símile de Aparecida. Saindo de São Paulo, em 5 de julho, com "Brasil", prefixo PT-ASV, em voo solitário, amparada por Nossa Senhora ao seu lado e pela sua própria perícia e coragem, conseguiu, numa viagem regular, atendendo a todas as regras da técnica do voo e a todas as prescrições regulamentadas, esquadrinhar os Estados e Territórios brasileiros.

A 24 de outubro, depois de três meses e vinte dias de percurso aéreo, Ada Rogato pousou no Campo de Congonhas, findando a sua missão. Nos seus 25.057 km de voo, 163 horas e 55 minutos, quis e pôde demonstrar a facilidade de se conhecer o Brasil... e de levar a Imagem Padroeira a todos os quadrantes da Pátria.[16]

A capital do Brasil estava sendo construída no planalto central. No dia 3 de maio de 1957, foi levada para a futura cidade de Brasília uma imagem fac-símile de Nossa Senhora Aparecida, pois seria a padroeira da capital federal. Dom Carlos Motta se fez presente e a entregou ao Presidente Juscelino Kubitschek de Oliveira. Foi rezada a primeira missa na futura capital.[17]

---

[16] Cf. Matéria no "Ecos Marianos", de 1958, p. 42-43.
[17] Jornal "O São Paulo" edição de 14 de abril de 1957.

Em 12 setembro daquele ano, o próprio Presidente da República foi até Aparecida atendendo ao convite de Dom Carlos Motta. Participou da missa na basílica e rezou diante da Imagem. Depois tomou café no Hotel Recreio e seguiu para ver as obras da basílica nova. Depois das homenagens prestadas ao Presidente, este discursou:

> Agradeço neste instante a oportunidade de vir até Aparecida para pedir bênçãos a Nossa Senhora Aparecida para o meu governo e para o Brasil. Quero mostrar-me verdadeiramente surpreendido pelo tamanho, pela beleza e imponência das obras que ora se levantam neste local. É um acontecimento que irá marcar uma hora solar na crença e na fé do povo brasileiro.
> O Governo também quer colaborar nesta obra formidável! Já dei ordem à Usina de Volta Redonda para confeccionar a torre que será toda de estrutura metálica. Terá cem metros de altura e já foi feito o seu orçamento que ficará em 30 milhões de cruzeiros. Já dei instruções para apressar esta obra, que será das mais robustas demonstrações de fé do povo brasileiro.[18]

A década de 1950 foi marcante para o desenvolvimento do Santuário de Aparecida. Em setembro de 1952, Padre Antão benzeu o maquinário que iria trabalhar na terraplanagem do Morro das Pitas para a construção da nova basílica. Vimos, antes, os mean-

[18] Cf. "Ecos Marianos", edição de 1958, p. 44. A torre da basílica leva o nome de "Torre Brasília".

dros e as negociações para que esse empreendimento saísse do papel e se tornasse realidade. O aumento de romeiros era uma realidade: população aumentando e concentrando-se nas cidades, de modo especial na região Sudeste. Aparecida, como em outros momentos lembrados aqui, continuava sendo, estrategicamente e geograficamente, ponto de passagem entre as duas maiores cidades: São Paulo e Rio de Janeiro. Mais do que ponto de passagem, era ponto de encontro. A rodovia Presidente Dutra muito facilitou a locomoção e o fluxo de peregrinos.

Com o aumento do trabalho, a partir de 1955, os Redentoristas que trabalhavam no Santuário não saíam mais para a pregação das Missões. Tempos posteriores – como em nossos dias –, o trabalho no Santuário absorveu até os que trabalharam nas Missões. Com isso, ainda que na mesma casa – o vetusto convento da Praça Nossa Senhora Aparecida –, os superiores decidiram que os padres teriam três equipes: Santuário, das comunicações e dos que trabalham na Paróquia.

Falando em Paróquia, quando Dom Lino elevou a capela a Santuário Episcopal, em 1893, e nomeou Padre Claro Monteiro como primeiro responsável, não significou que foi criada a paróquia, mas apenas que foi elevada a Curato. Em 1908, com a polêmica sobre criar a Diocese de Taubaté e Aparecida continuar pertencendo à Arquidiocese de São Paulo..., estava na hora de Aparecida ser sede de diocese. Assim eram as conversas no meio dos que gostam e entendem da diplomacia palaciana e eclesiástica. O cofre do Santuário ajudava a construir a catedral da Sé em São Paulo, a iniciar a fundação da Pontifícia Universidade Católica, a custear o Colégio Pio Brasileiro, em Roma, ajuda vultosa para a CNBB. Desde 1952, o Arcebispo tinha determinado que as entradas do cofre de Nossa Senhora Aparecida fossem depositadas em conta bancária com o propósito da construção. Em 1960, com um decreto da Santa Sé, foi criado o Conselho Nacional Pró-Basílica de Nossa Senhora, em que a percentagem maior dos recursos e as entradas do cofre deviam ser aplicadas nas obras de construção da nova basílica.[19]

Falando de 1958, temos uma estatística do trabalho, pois falamos do aumento dos romeiros, do aumento de Redentoristas para o atendimento, melhor

[19] O Conselho Nacional de Bispos Pró-Santuário de Nossa Senhora Aparecida foi criado em 15 de julho de 1960, pela Santa Sé. Não tem ingerência no governo da Arquidiocese, mas se destina: "sed solum et unicum finem habere providendi necessitatibus institutionum ad bonum pastorale totius Nationis". O presidente é o presidente "pro tempore" da CNBB; mais o Arcebispo de Aparecida como membro nato; mais três Arcebispos eleitos por quatro anos pela Assembleia Geral da CNBB, além de dois suplentes.

divisão do trabalho, ainda assim algo precisava ser feito. Os números são apenas do Santuário e paróquia, não constando ajuda às paróquias fora de Aparecida. Pregações: 711; Instruções: 380; Confissões: 350.000; Comunhões: 712.568; Batizados: 10.431; Casamentos: 1.872; Crismas: 536; Doentes visitados: 1.651; Viáticos: 115; Extrema Unção: 134; Encomendações: 222.

A notícia de que algo seria mudado aconteceu no dia 31 de maio de 1958, com a notícia de que Aparecida era elevada a Arcebispado. O Núncio Apostólico, Dom Armando Lombardi, comentou: "caso raríssimo na história da Igreja: de simples paróquia passou a Arcebispado, sede metropolitana sem ter sido bispado antes".

A Arquidiocese de Aparecida foi criada em 19 de abril de 1958 pela Bula *Sacrorum Antistitum*, do Papa Pio XII. Foi desmembrada da Arquidiocese de São Paulo, com um território de 1.303 km^2. A notícia correu solta no dia 31 de maio, mas, somente no dia 1º de junho, a Rádio 9 de Julho, de São Paulo, divulgou a boa nova. Mas quem seria o Arcebispo de Aparecida? O anúncio foi feito por um dos auxiliares do Cardeal de São Paulo, o ex-Provincial dos Redentoristas, Dom Antônio Ferreira de Macedo, em 29 de novembro de 1958. Pela rádio, Dom Macedo afirmou que o recém-eleito Papa João XXIII nomeava o Cardeal de São

Paulo, Dom Carlos Motta, Administrador da Arquidiocese de Aparecida. Em carta aos seus diocesanos, Dom Carlos afirma o seguinte:

> No Pontificado de João XXIII, deu-se a instalação desta novel Arquidiocese, aos 8 de dezembro de 1958, em virtude do decreto executorial do Exmo. Senhor Núncio Apostólico, Dom Armando Lombardi, de 3 de dezembro de 1958, sendo as cerimônias realizadas na parte já construída da Catedral Metropolitana – Basílica Nacional.
> Ato contínuo, fomos empossados no cargo de Administrador deste Arcebispado, nomeado por Sua Santidade o Papa João XXIII, aos 15 de novembro de 1958, e com plenos poderes de Bispo Residencial. E o nosso primeiro ato canônico neste governo eclesiástico foi nomear e empossar imediatamente no cargo de Vigário Geral da nova Metrópole Sua Excia. Revma. Dom Antônio Ferreira de Macedo, atual Arcebispo Coadjutor de Aparecida, a quem esta Arquidiocese é devedora dos mais relevantes serviços.[20]

Dom Macedo já respondia pela região de Aparecida, desde 1963, quando o Cardeal reorganizou a Arquidiocese dividindo-a com seus Bispos Auxiliares. O Cardeal continuou em São Paulo, e Dom Macedo em Aparecida. Segundo Dom Carlos Motta, em Carta Pastoral, estando em Roma para participar do Concí-

[20] Carta Pastoral, Bula e outros documentos no Arquivo da Cúria Metropolitana de Aparecida.

lio Vaticano II, conversou com o Núncio sobre a possibilidade de deixar São Paulo e ir para Aparecida. Foi aconselhado a esperar o fim do Concílio para pedir a mudança. No entanto, o Concílio demorou mais que alguns pensavam que demoraria.

Em 22 de março Dom Carlos endereçou sua carta ao Papa, pedindo transferência para a *Sede Apparitiopolitana*. Seu pedido foi aceito em 18 de abril de 1964. A notícia saiu em 25 de abril, e a imprensa já falava em consequência de interferência do novo regime, pois, nesse ínterim, aconteceu o Golpe de Estado, no dia 31 de março de 1964. Dom Carlos tomou posse no dia 29 de junho de 1964. Continuou com seu Arcebispo Coadjutor, Dom Macedo, em Aparecida. Ele deixava uma das maiores Arquidioceses do mundo, para ir coordenar a menor.

Em 1960, aconteceu a inauguração de Brasília. Em 1962, a Imagem milagrosa foi levada para abençoar a capital e oficializar a sua proclamação como Padroeira da Arquidiocese de Brasília. A última vez que a imagem tinha saído de Aparecida foi em 1955, para o Rio de Janeiro, para o solene momento do XXXVIº Congresso Eucarístico Internacional. Naquela ocasião, era a segunda vez que a Imagem visitava a capital da República.

A imagem, levada à Brasília, pelo Cardeal Arcebispo de Aparecida, foi conduzida em carro especial, sem muito alarde, para não haver paradas no trajeto. Foi um momento apoteótico, com missas, discursos, consagração pelo Primeiro Ministro Tancredo Neves e homenagem feita pelo Senador Juscelino Kubitschek. O Senador finalizou falando da democracia no Brasil. Menos de dois anos depois, a escuridão da ditadura abateu-se sobre Brasília e o Brasil!

> Abençoa este Brasil que é teu, e esta Brasília, que se edificou à sombra de tua misericórdia. E estou certo de que, purificados na santidade de teu nome e de tua glória, continuaremos a servir-te, colocando a teus pés, no hino de nossas preces, a coerência espiritual de nossa fé cristã e de nossas convicções democráticas, na unidade de um Brasil ainda mais poderoso, que se desenvolve à luz da tua inspiração, para maior glória de Deus.[21]

Depois desses eventos fora de Aparecida, o ponto alto na história de Aparecida e do Santuário foi no 250º aniversário do encontro da Imagem Milagrosa.

[21] Cf. Matéria no "Ecos Marianos", edição de 1963.

Bênção da pedra fundamental da nova Basílica, em 1946
(ARSP - Arquivo Redentorista de São Paulo)

Bênção da pedra fundamental da nova Basílica, em 1954
(CDM Santuário Nacional)

Imagem original de Nossa Senhora Aparecida, antes e depois do trabalho de restauro, realizado pelo Padre Alfredo Morgado, C.Ss.R., em 1946
(ARSP - Arquivo Redentorista de São Paulo)

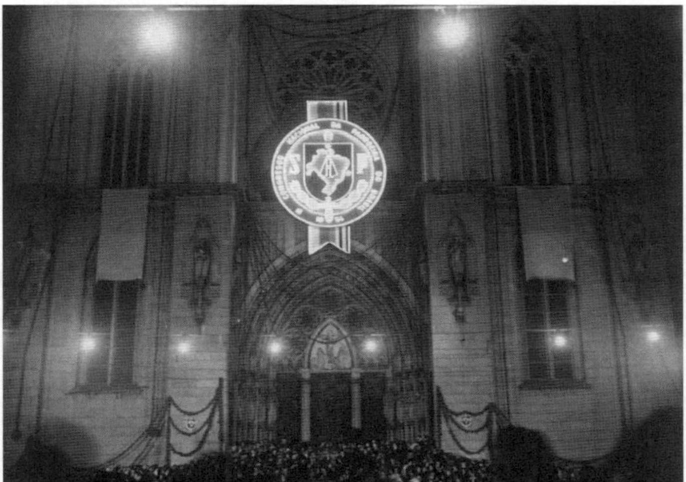

Primeiro Congresso Nacional Mariano, realizado em São Paulo, em 1954
(CDM Santuário Nacional)

Primeiro Congresso Nacional Mariano, realizado em São Paulo, em 1954
(CDM Santuário Nacional)

Cardeal Dom Carlos Carmelo de Vasconcelos Mota, primeiro Arcebispo de Aparecida
(ARSP - Arquivo Redentorista de São Paulo)

XIII

1967: 250 anos do encontro da Imagem

A Igreja no Brasil, após o Golpe de Estado, em 1964, teve dificuldades em assimilar, de início, que o país entraria num tempo obscuro. Havia quem apoiava os militares vendo em tudo o perigo do comunismo, e havia quem, de olhos abertos, não engoliu a derrubada do governo constituído. Mesmo no pronunciamento da CNBB sobre o acontecido, havia dubiedade no modo de ver os fatos.[1] Em Aparecida, o Governo sob o regime militar esteve presente em vários momentos.

---

[1] Cf. Paulo Cezar L. Botas, *A bênção de abril – memória e engajamento católico 1963-64*, Editora Vozes, Petrópolis, 1983.

Em abril de 1965, os responsáveis pelo Santuário – Arcebispo, bispos e reitor, Conselho Pró-Santuário – começaram a programar os festejos dos 250º anos do encontro da Imagem. Ficou decidido que a Imagem original visitaria todo o território nacional. Naqueles dias, Dom Antônio Macedo escreveu uma carta às autoridades, Bispos e Governadores, falando dessa peregrinação. Anunciou que a peregrinação deveria começar por Minas Gerais, a pedido do Presidente da República, Marechal Castelo Branco, e do Governador de Minas Gerais, Magalhães Pinto. Autoridades mineiras, com apoio do Governo Federal, propunham que, depois de percorrer todo o Brasil, o périplo terminasse em Brasília, onde Nossa Senhora seria proclamada Generalíssima das Forças Armadas Brasileiras.

Dom Antônio Ferreira de Macedo com os Padres Cristóvão Lelis e Pedro Ávila, com dois ajudantes leigos percorreram o país durante quase dois anos.[2] Em agosto de 1967, nos festejos dos 250º anos, Aparecida recebeu delegações e representantes dos locais onde a Imagem havia passado. Até o Presidente da República, Marechal Costa e Silva, esteve presente. Quando

---

[2] Cf. Diário da peregrinação da Imagem original, escrito por Dom Antônio Macedo, no ARSP. A Imagem visitou 23 Arquidioceses, 174 Dioceses e 8 Prelazias em 1300 localidades.

Presidente Costa e Silva esteve com o Papa Paulo VI, em janeiro de 1967, em Roma, este convidou o Pontífice para visitar o Brasil. O Papa declinou e apenas disse que enviaria uma rosa de ouro pelo jubileu a ser celebrado.

No dia 5 de março de 1967, domingo "laetare", procedeu-se, na capela Sistina, à bênção da rosa de ouro destinada ao Santuário Nacional de Nossa Senhora Aparecida. Cardeais, Embaixador do Brasil junto à Santa Sé, representantes do Cardeal de Aparecida e do seu Bispo Coadjutor, reitor e alunos do Colégio Pio Brasileiro estiveram presentes na capela Sistina para a bênção da rosa de ouro, oficiada pelo próprio Papa Paulo VI. O Secretário de Estado do Vaticano, Cardeal Amleto Giovanni, foi o portador do presente do Papa. Naquela ocasião da bênção, Paulo VI assim se expressou:

> Dizei a todos os brasileiros, Senhor Cardeal, que esta flor é a expressão mais espontânea do afeto que temos por esse grande povo que nasceu sob o signo da Santa Cruz. No Santuário de Nossa Senhora Aparecida, ela dará testemunho de Nossa constante oração à Virgem Santíssima para que interceda junto de seu Filho pelo progresso espiritual e material do Brasil. [...]
> Desejaríamos ainda recomendar-vos uma coisa: nunca separeis Nossa Senhora de Cristo. Não se compreende a Mãe sem o Filho. Os privilégios de Maria Santíssima vêm-lhe de Jesus. Ela é como a lua: se o sol Lhe bate, então se ilumina. O culto de Maria é um culto introdutivo: vamos

> a Maria para chegarmos a Jesus. Amando Nossa Senhora deste modo, poderemos compreendê-la na sua real grandeza, e, através dela, chegarmos a Cristo Filho de Deus.[3]

O ano dedicado a celebrar os 250º anos do encontro da Imagem foi declarado Ano Mariano, pelo Cardeal Dom Carlos Motta. No começo do mês de maio de 1967, a CNBB realizou a sua assembleia em Aparecida. No dia 31 de maio, a Imagem original foi levada ao Porto Itaguaçu e seguiu em procissão fluvial. Em 15 de agosto, o Secretário de Estado do Vaticano, Cardeal Amleto, foi a Aparecida para a entrega da rosa de ouro. Nessa solenidade, o Presidente da República Marechal Costa e Silva esteve presente com esposa e séquito, acompanhado ainda dos Governadores de São Paulo e Minas Gerais, Abreu Sodré e Israel Pinheiro, além do Prefeito da capital paulista, Faria Lima. Ministros de Estado, membros do Superior Tribunal Federal, da Câmara e do Senado e altas patentes das Forças Armadas. Recepção, missa e discursos foram feitos no recinto da nova basílica. Muitos bispos e mais de trinta mil fiéis puderam participar da recepção da rosa de ouro, o presente do Papa Paulo VI pelo jubileu.[4]

---

[3] Cf. Discurso de Paulo VI, in: *Jubileu de ouro & rosa de ouro*, Editora Santuário, Aparecida, 1970, p. 47.

[4] Cf. Matéria completa sobre a solenidade em "Ecos Marianos", edição de 1968, p. 97-116.

Na ocasião do jubileu, o Presidente da República fez publicar decreto que indultava presidiários por boa conduta, chamados presos primários, que já tivessem cumprido parte da pena. Indultava presos comuns e, no ano seguinte, baixava o Ato Institucional de n. 5, tirando os direitos políticos e, mais do que isso, aprisionando quem era contra o regime, torturando e matando! Dois anos depois, outro decreto facilitava a questão das rodovias de acesso ao Santuário para instância federal, a BR-488, ligando a BR-116, uma via de acesso à rodovia Pres. Dutra. Segundo os responsáveis, federalizando as rodovias, os romeiros teriam mais conforto e segurança!

Em 1971, o Ministro dos Transportes, Mario Andreazza, sob ordens do Presidente Garrastazu Médici, liberou verba para a passarela ligando o centro histórico da cidade à nova basílica. A passarela foi inaugurada em 12 de dezembro de 1971. Uma placa alusiva, no início da passarela, ao lado da basílica, tem os dizeres:

> "Homenagem e gratidão do Santuário de Aparecida ao Marechal Artur da Costa e Silva, ao Senhor Presidente da República, Emílio Garrastazu Médici, doadores deste viaduto, sendo Ministro dos Transportes o Coronel Mário David Andreazza e Diretor do D.N.E.R. o Engenheiro Dr. Elizeu Rezende, 1972. Ano do Sesquicentenário da Independência".

Finalmente, para destacar a atenção do Governo comandado pelos militares, em 1980, o General João B. Figueiredo decretou o dia 12 de outubro como feriado nacional. Era uma antiga promessa, desde quando Jânio Quadros esteve em Aparecida, em campanha para a Presidência em 1960, tornar o dia da Padroeira feriado nacional, só conseguido em 1980.[5]

Na década de 1970, há uma proximidade muito grande entre as atividades religiosas do Santuário e aqueles que comandavam o país. Havia interesses de ambas as partes. Por exemplo, a Arquidiocese decretava o ano de 1972, como Ano Mariano, para comemorar os 150º anos da Independência do país. Ainda que o assunto pastoral não esteja dentro dos nossos objetivos nesta pesquisa e estudo, vale ressaltar que, com essas datas celebrativas, foram incentivadas as romarias organizadas, favorecendo a vida espiritual do romeiro. São valorizadas romarias como a do Apostolado da Oração, Vicentinos, Encontrão de Jovens no Santuário, Liga Católica, além das tradicionais romarias das Arquidioceses, como a do Rio de Janeiro e a de São Paulo.

---

[5] Lei nº 6.802, de 30 de junho de 1980, do Parlamento Brasileiro, sancionada pelo Presidente da República, no Diário Oficial de 1º de julho, ocasião da primeira visita do Papa João Paulo II ao país, em julho de 1980. Depois de eleito, Jânio Quadros esteve em Aparecida, em 1961, mas em uma visita estritamente particular, em que não se tocou no assunto reivindicado sobre o feriado do dia 12 de outubro.

Um assunto estritamente ligado à pastoral, que repercutiu na administração do Santuário, foi a decisão dos Superiores eclesiásticos no final de 1973. A partir de primeiro de março de 1974, haveria separação de funções entre vigário e reitor da basílica. Padre Izidro de Oliveira foi nomeado reitor do Santuário, e Padre Angelo Licatti deixou a reitoria, mas continuou sendo o vigário de Aparecida. No dia 13 de março, uma nova comunidade religiosa era iniciada em Aparecida: os padres da paróquia e meios de comunicação social (rádio, editora) passaram a morar separadamente. No convento da praça, ao lado da velha basílica, ficaram apenas os redentoristas ligados à pastoral do santuário.

Pedido de verbas por parte dos responsáveis do Santuário e a presença de autoridades em missas festivas geraram um certo desconforto para quem tinha consciência da situação crítica que o país vivia. O Jornal "O Estado de São Paulo", em edição de 11 e 16 de novembro de 1973, apresentou os títulos das matérias: "Aparecida quer verbas especiais do governo" e "Continua o clamor de Aparecida". Entrevistando os responsáveis pelo Santuário, o articulista mostrou o assunto como obrigação dos governos estadual e federal de suprir as necessidades da cidade por ser Aparecida a única capital mariana do país. Parece que não estava claro que era obrigação dos poderes constituídos fazer com que o romeiro, portador de benefícios para o município, e o cidadão aparecidense, pagador de impostos – cumpridor dos seus deveres –, merecessem ver seus direitos respeitados. Esse jeito de fazer política é velha conhecida daqueles que tem poder de mando...

No começo de 1978, a Santa Sé nomeou um Arcebispo Coadjutor com direito à sucessão de Dom Carlos Motta. O Cardeal já estava chegando aos noventa anos de idade. Foi nomeado o Arcebispo de Juiz de Fora (MG), Dom Geraldo Maria de Morais Penido, que, no início, chegou como Administrador Apostólico. Ele tomou posse no dia 19 de fevereiro de 1978. Dom Geraldo confirmou os Redentoristas na pastoral – até porque havia contrato vigorando entre a Congregação Redentorista e a Conferência dos Bispos do Brasil – e na administração do Santuário. Cargo este exercido por um padre, desde 1946, quando o tesoureiro leigo faleceu. Sobre esse assunto, em 1988, Dom Geraldo (desrespeitando o contrato vigente) nomeou um administrador leigo e unificou os bens do Santuário com os da Arquidiocese. Houve um tempo de crise entre as partes interessadas. Em 1992, foi assinado um contrato com validade até o ano 2000. Somente no episcopado de Dom Aloísio Lorscheider, um novo contrato restabeleceu normas claras para ambas as partes. De 1967 a 1988, o Padre Redentorista Noé Sotillo foi o responsável pelas obras de construção do novo santuário.

Ainda no ano de 1978, um fato marcou a história do Santuário, da cidade e dos devotos de Nossa Senhora Aparecida. No dia 16 de maio, à noite, a imagem sofreu um atentado. O cronista Padre José Pereira Neto deixou anotado os detalhes.

> "Atra nox et amara valde." Foi um dia como outro qualquer até às 16:30hs., quando um furacão penetra no Vale do Paraíba e cobre de poeira a ponto de escurecê-lo. Um chuvisco fino decepciona quem espera há tanto tempo as chuvas de verão que não vieram; cai a noite. Às 20 hs., começam a última missa na Basílica os Padres Antônio Lino e João Bosco de Oliveira, salesiano. Às 20:10 hs., a luz elétrica piscou, piscou em todo o Vale (conforme verificamos), as lâmpadas de mercúrio do presbitério custaram uns minutos para reacenderem; foi o momento para Rogério Marcos de Oliveira, que estava quase diante do nicho da imagem de Nossa Senhora Aparecida, pular contra o vidro que começa a 2,20 m do chão; no segundo pulo consegue quebrar o vidro de 5mm de grossura e no terceiro arrebata a imagem; a coroa e a cabecinha enroscam-se no vidro, saltam sobre o moço e caem no altar-mor de mármore espatifando-se. O guarda basilical, João Batista, avança sobre o sacrílego que deixa cair a imagem, desvencilha-se do guarda e sai correndo basílica afora, praça, ladeira Monte Carmelo... ao mesmo tempo

o Padre Lino visou-se para o nicho e gritou: "estão roubando a imagem de Nossa Senhora". Acorreram as Irmãs Égide e Efigênia que assistiam à missa na tribuna; padres e irmãs ajuntam os cacos da imagem totalmente quebrada... e o Irmão Clemente, sacristão, avisa a polícia ao lado da sacristia que sai de carro até alcançar o Rogério, na Rua Dr. Rangel de Camargo em frente da casa de 102, quase à beira do Paraíba; dali levaram-no à Santa Casa onde fizeram curativos nos vários cortes que fez no braço direito e depois foi para cadeia. A notícia alastrou-se rapidamente pela cidade, movimentando-se o convento. Às 22:15 os padres Geraldo Bonotti e Casildo e o Irmão Santana partem de carro para Rio Manso (MG) para avisar o Sr. Arcebispo Dom Geraldo Penido do acontecido. Às 23hs. chega o Padre Provincial José Carlos. Ajuntam-se na cadeia: delegado, provincial, reitor e padre Lino até às 3:00 hs. do dia 17, para acalmar o povo. Foi preciso inventar que a imagem quebrada foi a fac-símile e que a original estava no convento, até que o povo dispersasse e transferisse Rogério para a cadeia de Guaratinguetá, e de lá fosse para um sanatório de doentes mentais dia 18, já que a "basílica" não abriu inquérito. [...]
A notícia percorreu o mundo rapidamente por rádio e televisão. Hoje mesmo Cláudio Bittencourt telefonou de Londres, ofereceu-se para restaurar gratuitamente a imagem. [...] Todos sabem do atentado contra a imagem reduzida a veneráveis caquinhos; nem por isso diminuiu o número de romeiros, aumentou até, e desfilam pacientemente o dia inteiro diante do nicho onde está a cópia fidelíssima de bronze, fundida conforme o molde esculpido por Américo Presti em 18 de abril de 1966.[6]

[6] Documenta 8, Crônica da Comunidade Redentorista de Aparecida, vol. VIII (1974-1980). No ARSP.

Os cacos foram colocados em um estojo e guardados no prédio da Cúria Metropolitana. No dia 20 de maio, houve uma concentração na praça da basílica, povo e clero, num "ato de desagravo", pelo acidente com a imagem. Em junho, os responsáveis pelo santuário decidiram que o nicho deveria ser à prova de balas, como maior segurança para a imagem. Poucos dias depois, começaram a consultar quem poderia restaurar a imagem. O diretor do Museu do Vaticano indicou Édson Mota, diretor do Museu Nacional de Belas Artes no Rio de Janeiro, e Pietro Maria Bardi, diretor do Museu de Arte de São Paulo. O escolhido foi Pietro Bardi. No dia 22 de junho, ele aceitou a incumbência e orientou como levar o estojo com os pedaços da imagem para São Paulo. Pediu segredo para poder trabalhar com tranquilidade. No dia 28 de junho, o estojo veio para São Paulo. Foi entregue ao Sr. Pietro Bardi, diretor do MASP, e à Maria Helena Chartuni, restauradora do museu. Havia mais dois consultores e o fotógrafo. A chave da sala de restauração foi trocada e, ao abrirem o estojo, rezaram uma "Ave-Maria".

No dia 18 de agosto, Dom Geraldo, Dom Antônio Macedo, os Padres Lino e Pereira Neto vieram ao MASP para conferir o trabalho de restauro. Foram recebidos pelas autoridades do MASP, a restauradora com sua mãe e o Bispo Maronita Dom João Chedid (os Chartuni são maronitas). "A imagem foi apresentada ali ao clero. Depois fomos com Nossa Senhora ao grande salão de conferências, onde estavam Imprensa, Rádio e Televisão. O povo avisado por rádio e televisão acorreu até às 17 horas."

No dia seguinte, durante toda a manhã, o MASP tornou-se um santuário, devido à quantidade de devotos que passaram por lá para venerar a imagem. Às 13h00, a imagem deixou o MASP em direção a Aparecida. O cortejo chegou à frente da Rádio Aparecida, às 17h. Dali foi levada em procissão, subindo a ladeira Monte Carmelo. Uma multidão aguardava para a missa campal, em frente à basílica velha.

Ao dar entrevista ao Jornal "Santuário de Aparecida", o Sr. Pietro Bardi disse que a sua equipe trabalhou com humildade e prudência. A equipe nada cobrou pelos trabalhos, o que ele respondeu:

> "Simplesmente porque somos uma entidade filantrópica. Todos os que trabalharam fizeram com sincera devoção, pois tratava-se de devolver à Imagem seu aspecto original. A imagem está bem abrigada na custódia doada pela Providro, de Caçapava. Afinal, quem não se sentiria honrado em colaborar na tarefa de reconstituir a Imagem da Padroeira do Brasil?"[7]

[7] Matéria sobre o atentado, restauro e volta para Aparecida, em várias edições do Jornal Santuário de Aparecida. A entrevista aqui citada foi na edição de 20 de agosto de 1978. O MASP e a editora Santuário publicaram um livreto com as fotografias do restauro. "Nossa Senhora Aparecida – como foi recomposta a imagem depois do acidente de 16 de maio de 1978". No ARSP.

Depois de quase quarenta anos, a restauradora Maria Helena Chartuni fez publicar, detalhadamente, o trabalho de restauro. Em comemoração aos trezentos anos do encontro da Imagem, a Academia Marial de Aparecida programou uma palestra e o lançamento do livro, em que a restauradora dá seu testemunho de trabalho e fé. "A História de Dois Restauros" relata, como disse a autora, o seu encontro com Nossa Senhora Aparecida: "o primeiro, a reconstrução da imagem de Nossa Senhora Aparecida, após o atentado sofrido no dia 16 de maio de 1978, e o segundo, como ela restaurou minha vida".[8]

Em 1978, a cidade de Aparecida comemorava 50 anos de emancipação político-administrativa. A volta da Imagem reconstituída foi um tempo de graça vivido na cidade. A Imagem voltou em agosto, e, logo em seguida, o reitor, Padre Izidro de Oliveira, tentara mudar a cor deixada na restauração. Não conseguiu. Sua obsessão, no dizer do cronista da comunidade,

---

[8] Cf. Maria H. Chartuni, *A História de dois restauros*, Editora Santuário, Aparecida, 2016. No livro, a restauradora conta os embates que teve com o reitor, Padre Izidro de Oliveira, que insistia em deixar a Imagem com cor mais clara. Sobre a sua transformação (pessoal), a partir do restauro, a autora diz, na página 103: "Alguém me perguntou, certa vez, numa entrevista, se eu venerava a imagem ou a entidade. Pergunta capciosa e formulada a fim de me testar. Respondi que a imagem material é só um símbolo e que não poderia venerar a matéria, uma vez que trabalho com ela todos os dias. Evidentemente, é à entidade que amo com todo o meu coração, simbolizada nessa pequena imagem, cuja história é tão conturbada, quanto misteriosa. Penso que ela foi um sinal de Deus manifestado dessa maneira, e devemos ter a sensibilidade e inteligência para decifrá-lo e reconhecê-lo".

seu perfeccionismo, custaram-lhe o reitorado. No dia primeiro de setembro de 1978, Padre Izidro deixou a comunidade, em Aparecida. Nos 50 anos do município de Aparecida, no dia 17 de dezembro, conforme a programação, os restauradores da Imagem seriam homenageados pelas autoridades aparecidenses. Não compareceram – Maria Helena Chartuni, João Marino, Pietro Bardi, Luís Hossaka – pois Sr. Bardi estava adoentado.

No convento dos Redentoristas, no dia seguinte, dia 18 de dezembro, saiu a lista de transferências dos membros da Província Redentorista de São Paulo. Padre Pedro Fré assumia como reitor do Santuário e Superior da comunidade religiosa.

Construção da Passare a da Fé em Aparecida, em 1971
(CDM Santuário Nacional)

Foto da Nova Basílica r o final dos anos de 1970
(CDM Santuário Nacional)

Foto dos fragmentos da imagem de Nossa Senhora Aparecida, após o atentado sofrido em 1978
(CDM Santuário Nacional)

XIV

Década de 1980: Aparecida recebe o Papa e celebra um Congresso Eucarístico

Já fizemos alusão que, dentro das programações da presença do Papa João Paulo II ao Brasil, o Presidente João Batista Figueiredo decretou o dia 12 de outubro como feriado nacional a partir de 1980. E, em Aparecida, desde o começo do ano, foram incontáveis as reuniões para a recepção do Pontífice. Prefeitura, defesa civil, santuário, polícia militar, arquidiocese... organizaram-se em comissões como: central de pastoral, de liturgia, de segurança, de hospedagem, de comunicações, de documentação, de ornamentação, de relações públicas, de finanças...

Em 8 de setembro de 1979 até 17 de agosto de 1980, foi declarado pela Basílica Nacional de Nossa Senhora Aparecida um Ano Mariano Jubilar. A data era para comemorar o 75º aniversário da coroação da Imagem de Nossa Senhora, os 50 anos de aniversário da sua proclamação como padroeira do Brasil. Dentre as várias comemorações, constava um congresso mariano em agosto de 1980.[1]

Mas o destaque foi mesmo a visita do Papa, em 4 de julho de 1980. João Paulo II desembarcou em Brasília no dia 30 de junho e percorreu o país por mais de uma semana. Vamos nos ater ao cronista da comunidade redentorista de Aparecida, que, detalhadamente, nos mostra a visita do Papa. Um dia antes, às 18h30, Dom Geraldo rezou missa na basílica nova, iniciando os rituais de consagração da igreja, que o Papa terminaria no dia seguinte.

Depois dessa missa, toda a igreja nova, a passarela, a praça em frente à igreja nova e as adjacências até a área em frente ao altar do Papa, cercada pelos tablados cuneiformes, uns 50 metros, foi tudo bloqueado pela segurança. Somente pessoas com crachás e carros autorizados podiam circular. O Coronel do Comando do II Exército, além da falta de boas maneiras, dificultou sobremaneira o bem-estar dos fiéis. O que o cronista anotou em 1980 repetiu em outras situações, em momentos festivos ou recepção dos outros Papas que visitaram Aparecida, em 2007 e 2013.

---

[1] Cf. Documento assinado pelo Cardeal Carlos Motta e Dom Geraldo Penido, com a programação e os objetivos do ano mariano. No ARSP.

> A segurança exagerada, por meio das notícias contraditórias e portadoras das maiores dificuldades para ao acesso a Aparecida e por meio de um incrível bloqueio na Dutra, fez com que não viesse nem a quarta parte dos fiéis que pretendiam vir ver o Papa em Aparecida! Aparecida parecia mais uma praça de guerra do que uma cidade festiva para receber o Papa! Cerca de 5.600 soldados! Os meios de comunicação, com notícias muito alarmantes, dizendo que Aparecida não teria condições, e conforme Flávio Cavalcante pela TV: "Ir a Aparecida é suicídio coletivo", muito contribuíram para virem apenas umas 300 mil pessoas em lugar do milhão e duzentas mil que eram esperadas. Na semana anterior toda, e mesmo nos dias das vésperas da chegada do Papa, a cidade estava vazia de romeiros. Toda a previsão e gastos foram inúteis, uma vez que o povo foi afastado de Aparecida. Os prejuízos, principalmente com gêneros alimentícios, foram incalculáveis. [...]
>
> O Santo Padre chegou às 09h35, de helicóptero, em frente à nova basílica. Entrou em carro aberto, precedido e seguido por motociclos e carros de segurança, infelizmente numa velocidade de quase 60 km por hora; saiu pelo portão da frente da praça da nova basílica, tomou à direita e depois entrou na Avenida Getúlio Vargas, seguindo pela esplanada; adentrou-se na sacristia para a paramentar-se. O altar da nova igreja foi ungido, incensado e iluminado segundo o Ritual Romano.[2]

Após a comunhão, o Papa fez uma bela e comovente consagração a Nossa Senhora Aparecida e abençoou o povo com a imagem. Logo em seguida, para surpresa de

[2] Documenta 8, Crônica da Comunidade Redentorista de Aparecida, vol. VIII (1974-1980), no ARSP. A imprensa deu destaque à visita; tanto nos jornais católicos como em outros meios, o Papa foi a manchete por vários dias.

todos, João Paulo II conferiu à nova igreja o privilégio de Basílica Menor. Após a missa, o Papa foi ao Colegião, onde almoçou, e depois seguiu viagem para onde era aguardado por multidões por todo o país.

Em 1982, no dia 18 de setembro, morreu, na Santa Casa da cidade, o primeiro Arcebispo de Aparecida, o Cardeal Dom Carlos Motta. Seus funerais foram concorridos pela presença de muitos bispos e uma centena de padres.

Em outubro, dois fatos marcaram a vida dos que trabalhavam no Santuário: a mudança dos Redentoristas para o novo convento ao lado da nova basílica e a ida definitiva da Imagem de Nossa Senhora, também, para a nova basílica.

No dia 1º de outubro, a comunidade mudou-se para um novo convento. O prédio fora construído na área do novo santuário, pela basílica e com dinheiro da basílica, portanto pertence ao Santuário. O prédio da praça, inaugurado em 1912, passou por reformas, e a comunidade dos paroquiais e comunicadores passou a habitá-lo. A presença dos Padres e Irmãos no convento no meio do povo facilitava, por demais, o contato e até mesmo o convívio com lojistas e aparecidenses. No novo convento, a comunidade ficava isolada, e o contato com o povo era muito inferior. (Uma análise a partir do prisma da pastoral poderá avaliar e fazer um balanço, pois, passados mais de trinta anos, esse assunto do atendimento aos romeiros praticamente não entra, se é que um dia entrou na pauta.)

Dois dias depois, foi a vez de a Imagem original ser levada definitivamente para a basílica nova. Houve procissão e missa campal com mais ou menos 40 mil pessoas. Era domingo e o primeiro dia da novena para a festa no dia 12. Dentre os romeiros, haviam três em especial: Pietro Bardi, Maria Helena Chartuni e Luís Hossaka. Eles foram os responsáveis pela restauração da Imagem, em 1978. Agora estavam vendo que, em um nicho apropriado e sem ter de ser retirada todas as semanas, a Imagem estava protegida, devido ao seu estado de fragilidade: ser de barro e ter sido restaurada.

A Imagem ficou no alto da colina do morro dos Coqueiros por 237 anos. Naquele dia 3 de outubro passava para a colina no morro da Pitas. "Cresceu tanto a devoção do povo brasileiro a Nossa Senhora Aparecida, aumentou tanto o número dos romeiros, que demandam Aparecida, que a igreja se tornou muito pequena para receber as multidões; por isso se construiu a nova basílica, que ainda não está pronta, mas que já está servindo para o atendimento a todos os romeiros", anotou o cronista.

Em julho de 1985, de 16 a 21, aconteceu em Aparecida o XI Congresso Eucarístico Nacional. Por uns três anos houve preparação em toda a Arquidiocese, como a pregação das Missões Populares pelos Redentoristas. Grupos e comissões de apoio e serviço foram criados. Toda a estrutura e staff foram bancados pela basílica. O Papa enviou Dom Sebastião Baggio como Legado Pontifício. O Núncio, Dom Carlo Furno, esteve presente, além de mais de duzentos bispos e centenas de padres, religiosos e religiosas. Durante o Congresso, havia um dia dedicado a um tema a ser refletido e a um estado de vida: casados, jovens, vocações religiosas, dia dos sacerdotes...

No domingo, dia 21, dia dos peregrinos, o tema foi: "Dai-lhes vós mesmos de comer", de Lucas 9,13. A missa solene e de encerramento foi presidida pelo Cardeal Legado. Toda a cúpula da Igreja se fez presente. Umas 60 mil pessoas participaram. Segundo informações, havia dificuldades para se chegar às cadeiras que foram organizadas para o povo. O som falhou. Altar alto demais. Presidente da República José Sarney com o aparato militar e segurança exagerada. Ele fez, ao final, a consagração do Brasil ao Sagrado Coração de Jesus. Numa cerimônia após a missa, por vontade do Arcebispo e com a contrariedade de tantos outros responsáveis pela basílica, houve o lançamento da pedra fundamental para um centro de convenções da CNBB. "Querem que seja construído em Aparecida, com o dinheiro que o pobre põe no cofre de Nossa Senhora para a construção da basílica. Todos estão contra e esperam que fique só na pedra fundamental".[3]

Realmente, esse centro para a finalidade de servir apenas a CNBB não aconteceu. Por certo não seria só essa entidade a usar o recinto. Ainda assim, sem consenso entre os dirigentes, o Arcebispo lançou campanha e arrecadou fundos para esse centro, mas não chegou a sair do papel. Em gestão posterior, no começo dos anos dois mil, iniciou-se a construção de um grande projeto que recebeu o nome de Centro de Eventos Padre Vítor Coelho de Almeida. O espaço foi inaugurado com um tríduo rezado na basílica em memória e a pedido de Beatificação do Padre Vítor e, dia 12 de fevereiro de 2012, com um show do cantor Daniel. Um dia antes houve o lançamento do curta metragem sobre a vida e a obra de Padre Vítor e uma apresentação musical da orquestra do Santuário, denominada Projeto PEMSA, projeto de educação musical do Santuário de Aparecida.

Quando começava o Congresso Eucarístico, em Aparecida, no dia 16 de julho de 1985, fundava-se a Academia Marial de Aparecida. Sob a coordenação do

---

[3] Documenta 8. Ibidem, dia 21 de julho de 1986. No ARSP.

Arcebispo Dom Geraldo, mas com esforço e trabalhos do Cônego João Corrêa Machado, era inaugurado, na Torre Brasília, esse centro dedicado aos estudos mariológicos. O presidente da Academia era o Arcebispo de Aparecida e o diretor foi nomeado por ele. Até 1998, o Cônego João Machado foi o diretor, quando voltou para sua Arquidiocese, em Campinas (SP), a direção passou para os cuidados dos Redentoristas.

A Academia tem mais de 400 associados e, a cada ano, tem organizado congressos de estudos e publicado material referente à devoção mariana, à teologia, ao santuário, à romaria etc. A entidade tem por objetivo "o cultivo e o desenvolvimento teórico e prático da devoção à Padroeira do Brasil, por meio do conhecimento teológico, evangelizador e pastoral, auxiliado por outros instrumentos de pesquisa e de desenvolvimento sobre Nossa Senhora". A Academia funciona no 11º andar da Torre Brasília, da basílica.[4]

Na década de 1980, a estrutura da basílica nova já estava praticamente terminada. Vamos fazer um retrospecto e ver o andamento ao longo dos anos para que se chegasse ao porte a que se chegou. A primeira

---

[4] Sob a coordenação da Academia Marial, seguindo as orientações do Papa João Paulo II, que proclamou um Ano Mariano de pentecostes de 1987 até a Assunção de Maria, em 15 de agosto de 1988, em Aparecida, foi realizado um Congresso Mariano-Mariológico. A data do Congresso foi de 17 a 24 de julho de 1988, quando, em 26 de julho, celebrava-se o centenário da inauguração da Basílica Velha, em julho de 1888.

conversa aventada sobre a necessidade de uma nova igreja surgiu no início do século XX, quando se programavam os festejos dos duzentos anos do encontro da Imagem. Doutor Brasílio Machado chegou a escrever ao Arcebispo de São Paulo sobre este projeto. Em 1926, no livro de Crônicas dos Redentoristas, há novamente o registro de conversações sobre tal necessidade, pois a igreja no morro dos Coqueiros não comportava os fiéis. No Congresso Mariano de 1929, a comprovação era evidente. Falta de espaço para as missas dificultava o trabalho dos Missionários, e o povo era mal assistido.

Propostas, projetos e apelos foram encaminhados, mas o Arcebispo Dom Duarte não se interessou. Dom José Gaspar se interessou e tomou providências, mas não teve tempo de agilizar, devido à sua morte prematura. Em 1944, assumia a Arquidiocese, Dom Carlos Motta. No ano seguinte, ele tomou conhecimento dos projetos de seu antecessor, coadjuvado pelos Redentoristas, e deu total apoio à construção de uma nova igreja, uma nova basílica. O engenheiro Dr. Benedito Calixto Neto assumiu o empreendimento em 1946, mas, somente em 1952, começaram os serviços de terraplanagem. O local escolhido foi o terreno comprado no Morro das Pitas, local onde está situada a nova basílica.

Dom Carlos Motta escolheu o Provincial dos Redentoristas, Padre Antônio Macedo, para um de seus Bispos Auxiliares e o encarregou das obras de construção da basílica. As obras tiveram início em novembro de 1955. Sob a sua responsabilidade foi construída a nave norte, concluída em 1963. Na década de 1960, outros Redentoristas foram responsáveis pelas obras, como a cúpula, de 1964 a 1972, e a Torre Brasília de 1960 a 1962. Destaca-se o Padre Noé Sotillo, que assumiu em 1967 e permaneceu até 1988. Sob a sua responsabilidade foram construídas as naves leste (de 1974 a 1977), oeste (de 1975 a 1977) e a sul (de 1971 a 1974), galerias, capelas do Santíssimo e São José e o salão dos romeiros no subsolo, inaugurado em setembro de 1970, apenas sob a nave norte, sendo depois ampliado. No subsolo foi organizado atendimento médico, local para lanches, sanitários higiênicos com água potável em abundância.

Depois da morte do engenheiro Dr. Benedito Calixto, em 1972, assumiu, dando continuidade às obras, o Dr. Luís Alves Coelho. Em 1988, com a saída de Padre Noé Sotillo, o Arcebispo Dom Geraldo Penido, no ano seguinte, confiou a administração da basílica e das obras a uma equipe de leigos, coordenada pelo Dr. João Carlos Barbosa.

A área construída da nova basílica é de 23.200 m^2, sendo 18.000 m^2 de área coberta. A lotação normal é de 45 mil pessoas e a máxima de 70 mil. Dom Antônio Macedo, em "memorandum" sobre a construção da basílica, interrogou: "quem se atreveria a tomar a peito essa obra faraônica?" e afirmou que todos que ajudaram foram instrumentos de Deus nesse projeto para os devotos e quem construiu foi Nossa Senhora Aparecida. Ainda fez referência às críticas que recebia desde o começo: "O novo santuário foi construído com o palpite dos ricos, críticas dos padres e dinheiro do povo".

O novo templo foi consagrado pelo Papa João Paulo II em 1980 e elevado à condição de Basílica Menor. Desde a criação da Arquidiocese de Aparecida, em 1958, a basílica velha era a catedral. Aos poucos, a nova basílica foi assumindo essa função. Depois de consagrada, em 1980, então passou a ser a catedral. A expressão usada nas informações e mesmo em documentos era sempre catedral basílica, quando fazia referência à catedral. Em 1996, o Cardeal Arcebispo Dom Aloísio transferiu a catedral para a matriz paroquial de Santo Antônio em Guaratinguetá.[5] Interessante que, num curto período de

[5] Livro do Tombo do Santuário, vol. VII (1995 a abril de 2000), fl 51 verso, dia 27 de dezembro de 1996. "Instalação da Catedral em Guaratinguetá, Matriz de Santo Antônio: aconteceu à noite este fato importante. Razões pastorais graves levaram a esse ato, que a História saberá apreciar a seu tempo. De boa fonte veio notícia de que Dom Aloísio pensava em mudar-se também para aquela cidade. Boa resposta a certos aparecidenses. 'Sagração da Igreja de Santo Antônio como Catedral' (sic): veja-se o folheto da missa em Arquivo. Apesar de muito atento, não vi explicação da mudança da Catedral, ao menos na área oficial".

vinte anos, a catedral voltou a ser a basílica nova. Ainda que o cronista do Livro do Tombo do Santuário não tenha entendido o porquê da transferência para Guaratinguetá, no decreto de Dom Aloísio, há as razões.

> Decreto
> De transferência da Igreja-Catedral
> Considerando que o Santuário da Conceição Aparecida – igreja basílica – é Santuário Nacional, sob a autoridade da Conferência Nacional dos Bispos do Brasil (CNBB), centro e meta da peregrinação do povo brasileiro, não pertencente à Arquidiocese, embora nela localizado, havemos por bem transferir a igreja-catedral do Santuário Nacional para a igreja de Santo Antônio de Guaratinguetá (SP).
> A igreja-catedral é aquela em que está a cátedra do Bispo, sinal do magistério e do poder do pastor da Igreja particular, bem como sinal de unidade dos fiéis na fé que o Bispo anuncia como autêntico pastor do rebanho. A igreja-catedral, pela majestade da sua construção, é a expressão do templo espiritual que é edificado no interior das almas e brilha pela magnificência da graça divina, segundo a afirmação do Apóstolo Paulo: "Vós sois o templo do Deus vivo" (2Cor 6,16). A igreja-catedral é a imagem figurativa da Igreja visível de Cristo, que na terra ora, canta e adora. Ela deve, por isso mesmo, ser tida como imagem do Corpo Místico de Cristo, cujos membros estão ligados pela união na caridade, alimentada pelo orvalho dos dons celestes. A igreja-catedral deve ser o centro da vida litúrgica da Arquidiocese.
> Ora, tudo isso não se adiz ao Santuário Nacional onde acorrem continuamente romeiros vindos das mais diversas Dioceses do Brasil. O Santuário Nacional é um serviço para todas as Dioceses do Brasil, ao passo que a igreja-catedral é um serviço para a Arquidiocese de Aparecida.

> Tendo em vista esse fato e fazendo uso da autoridade que nos compete como Arcebispo desta Arquidiocese, constituímos a igreja de Santo Antônio de Guaratinguetá como igreja-catedral desta nossa Arquidiocese e declaramos Santo Antônio, Doutor da Igreja, como seu padroeiro principal. Mandamos, pois, que de ora em diante a igreja paroquial de Santo Antônio de Guaratinguetá seja usada como igreja-catedral. Pedimos a todos os nossos arquidiocesanos o necessário apoio para que esta igreja se possa apresentar como modelo às demais igrejas de nossa Arquidiocese.
> Dado e passado em nossa Cúria Metropolitana, sob o nosso selo e armas, aos 27 de dezembro de 1996, Aparecida-SP
> † Aloísio, Cardeal Lorscheider
> Arcebispo Metropolitano de Aparecida.[6]

Lá permaneceu como catedral até o dia 22 de outubro de 2016, quando em outro decreto, agora dizendo sob a autorização do Papa Francisco, o Cardeal Raymundo Damasceno transferiu novamente a catedral para o Santuário Nacional de Nossa Senhora da Conceição Aparecida, sendo promulgado em missa do dia 12 de novembro de 2016, alguns dias antes de deixar o comando da Arquidiocese.[7]

Em 1994, a Paróquia de Aparecida, os Missionários Redentoristas, com a participação de romeiros, celebraram o centenário da chegada dos Redentoristas para o cuida-

---

[6] Cf. Documento na Cúria Metropolitana de Aparecida.

[7] Cf. Documento na Cúria Metropolitana de Aparecida, assinado em 3 de novembro de 2016. Prot. III 12696/16.

do do Santuário. Eles chegaram a Aparecida no dia 28 de outubro de 1894. Iniciaram os trabalhos no então Santuário Episcopal e Paróquia de Nossa Senhora Aparecida. Em 1898, fundaram o Seminário Santo Afonso, onde passaram a receber os vocacionados, e a partir da formação dada a eles, puderam colher os frutos brasileiros, somando à força dos que vinham da Alemanha. Em 1944, a então Vice-Província Germânica Brasileira foi elevada à Província.[8] O primeiro Provincial, Padre Geraldo Pires, colocou o cabograma da auspiciosa notícia debaixo da Imagem de Nossa Senhora e, no dia da festa de instalação da Província, declarou Nossa Senhora Aparecida a Madre Provincial dos Redentoristas. A partir de Aparecida, da Província Redentorista de São Paulo, em 1964, as casas redentoristas do Sul do país formaram a Província de Porto Alegre, e as de Goiás, a Vice-Província de Brasília. No centenário, em 1994, a Vice-Província de Brasília foi elevada à Província de Goiás. Depois de mais de cem anos, escrever a história da devoção de Nossa Senhora Aparecida é escrever a história dos Redentoristas no Brasil e, sem escrever a história dos Redentoristas no Brasil, não há como escrever sobre a devoção, divulgação do culto e do progresso em torno do Santuário de Nossa Senhora Aparecida.

[8] Cf. Tereza Galvão Pasin, *Senhora Aparecida – romeiros e missionários redentoristas na História da Padroeira do Brasil*, Editora Santuário, Aparecida, 2015.

Em 1995, com a renúncia do Arcebispo Dom Geraldo Penido, tomou posse como Arcebispo Dom Aloísio Lorscheider, em 18 de setembro de 1995. Cardeal Franciscano, transferido de Fortaleza (CE) para Aparecida, Dom Aloísio foi anunciado como Arcebispo de Aparecida, em 12 de julho de 1995. Dom Aloísio nasceu no Estado do Rio Grande do Sul, em 8 de outubro de 1924. Foi ordenado padre em 1948 e, em 1962, foi escolhido para Bispo da Diocese de Santo Ângelo (RS). Em março de 1973, foi transferido para Arcebispo de Fortaleza (CE) e criado Cardeal no consistório de maio de 1974 por Paulo VI.

> Dom Aloísio é doutor em teologia e já foi presidente da Conferência Nacional dos Bispos do Brasil (CNBB) de 1970 a 1979 e secretário-geral da entidade de 1968 a 1970. Desfruta de prestígio em todas as alas da Igreja Católica, no mundo inteiro. Uma prova disso surgiu nos dois conclaves – reunião de Cardeais que elege o Papa –, realizados em 1978, depois das mortes de Paulo VI e João Paulo I, quando seu nome apareceu em todas as listas de "papabile", isto é, as listas dos que poderiam ser nomeados Papa. Outro episódio vivido por Dom Aloísio, que obteve repercussão internacional, aconteceu em março de 1994, quando visitava o Instituto Penal Paulo Sarasate, em Eusébio, no Ceará. Na ocasião foi tomado como refém por um grupo de 14 prisioneiros em fuga. Ao ser libertado, 18 horas mais tarde, ele rezou por eles e disse que estavam perdoados. Um mês depois, ele voltou ao presídio para participar da cerimônia do lava-pés, na qual lavou e beijou os pés de 12 detentos.[9]

[9] Cf. Jornal Santuário de Aparecida, 5 a 11 de agosto de 1995. Em edições posteriores, reportagens sobre sua tomada de posse.

Esse era o homem que assumia como terceiro Arcebispo de Aparecida. Chegou à Arquidiocese e conquistou a simpatia e a confiança de todos. Não quis morar na residência do Arcebispo anterior, uma fazenda do santuário, nas imediações da cidade. Permaneceu por mais de um ano no convento dos Redentoristas, onde granjeou a amizade de todos. Durante o seu pastoreio, o Superior-Geral da Congregação, Padre José Tobin, foi de Roma até Aparecida, para conferir o título de Oblato da Congregação Redentorista a Dom Aloísio. Um distintivo aos amigos e benfeitores dos Redentoristas na obra das vocações religiosas e na evangelização.

Em julho de 1999, os Redentoristas responsáveis pela administração do Santuário, com o apoio do Cardeal Dom Aloísio, iniciaram a Campanha dos Devotos. O devoto recebia uma carta do Cardeal, um boleto, para contribuir para as obras do Santuário. Para ajudar o devoto a rezar, era enviado um manual chamado "Missa de Aparecida", em que se podia acompanhar as leituras bíblicas das missas diárias. A partir de 2002, esse manual passou a ser chamado "Revista de Aparecida", publicada mensalmente e enviada ao devoto participante da Família Campanha dos Devotos. Uma revista informativa, catequética e formativa aos devotos e peregrinos de Nossa Senhora. Atualmente, a Revista está com a tiragem próxima de um milhão de exemplares mensais.

No ano 2000, foi a vez da Editora Santuário comemorar o centenário de sua fundação. Do Jornal "Folha de Aparecida", comprado pelo Padre Gebardo em 1900, iniciou-se o Jornal "Santuário de Aparecida" e a publicação de catecismos e livretos católicos. O "Manual do Devoto de Nossa Senhora Aparecida", em 1904, inaugurou a publicação dos livros religiosos. Em 1927, o Almanaque de Nossa Senhora, que depois se chamou Ecos Marianos... jornais, livros e revistas com o objetivo de divulgar a devoção a Nossa Senhora. Depois de cem anos, a Editora Santuário tinha lançado quase 1500 livros. Publicava uns setenta títulos por ano e fazia quase trezentas reedições.

Na esteira dos meios de comunicação social, em 2001, era a vez de a Rádio Aparecida celebrar seu jubileu de ouro. Atingindo todo o país, a Rádio vivia um momento ímpar, com uma programação voltada para a conscientização social e política do ouvinte. A Rádio e o Clube dos Sócios celebravam a alegria da comunicação cristã, inseridos numa eclesiologia de caminhada com os novos rumos da Igreja na América Latina. A programação religiosa continuava – transmissão de missas do santuário –, mas destacava-se a formação cristã libertadora e os direitos de cidadania, que, aos poucos, os brasileiros iam recuperando no período pós-ditadura militar.

Os responsáveis pelo trabalho no Santuário tinham o jornal, a editora, a rádio, todos eles com a missão de levar a mensagem de Nossa Senhora Aparecida a todos os que se interessavam pela devoção e culto à Padroeira do Brasil. Em 2004, iniciavam-se as transmissões da TV Aparecida, compondo a Rede Aparecida de comunicação. Desde 1986, a TV Cultura de São Paulo transmitia a missa no domingo, às oito horas manhã. Desde 1996, a Rede Vida transmitia a missa diária às nove horas da manhã e algumas missas em momentos especiais ou novenas da festa. Mas era interessante um canal televisivo próprio para transmitir a mensagem e os acontecimentos no Santuário.

Naquele ano de 2004, a cidade de Aparecida e os devotos de Nossa Senhora festejaram o centenário da coroação da Imagem. Antes de falar dos festejos do jubileu, houve outro fato que foi notícia, pois envolvia a saída e a chegada dos responsáveis pela Arquidiocese. No começo do ano, no dia 21 de janeiro, saiu a renúncia do Cardeal Dom Aloísio Lorcheider. No mesmo dia, foi nomeado Dom Raymundo Damasceno Assis, que até essa data era Bispo Auxiliar da Arquidiocese de Brasília. Dom Damasceno tomou posse em março de 2004.

Raymundo Damasceno Assis nasceu em Capela Nova (MG), em fevereiro de 1937. Entrou para o Seminário de Mariana (MG). Estudou em Roma e na Alemanha. Quando foi criada a Arquidiocese de Brasília, ofereceu-se para compor o novo clero. Foi ordenado padre em Conselheiro Lafaiete, em março de 1968. Em 1986 foi ordenado Bispo Auxiliar de Brasília. Em 1991, foi eleito Secretário-Geral do Conselho Episcopal da América Latina (Celam), com sede em Bogotá, até 1995. Em 1995, foi eleito Secretário-Geral da CNBB, com sede em Brasília, por dois mandatos, de 1995 até 2003. Em 2007, foi eleito Presidente do Celam, até 2011, e, neste mesmo ano, Presidente da CNBB, até 2015. Dom Damasceno foi criado Cardeal no consistório de 20 de novembro de 2010, por Bento XVI. Esteve à frente da Arquidiocese por quase treze anos, tendo sua renúncia aceita pelo Papa Francisco, em 16 de novembro de 2016.[10]

Voltando ao ano de 2004, em setembro foram realizadas as festividades do centenário da coroação de Nossa Senhora. Celebravam-se, também, os 150 anos do Dogma da Imaculada Conceição. Assim como em 1904,

[10] Durante o episcopado de Dom Raymundo Damasceno, um padre redentorista foi escolhido para seu Bispo Auxiliar. Ele havia ocupado os cargos de administrador e reitor do Santuário. Dom Darci José Nicioli. Ele foi ordenado bispo no dia 3 de fevereiro de 2013, como Titular de Fica e Auxiliar de Aparecida. Dom Darci foi elevado a Arcebispo de Diamantina (MG), em maio de 2016. No mesmo dia em que o Papa aceitou a renúncia de Dom Raymundo, foi nomeado para Arcebispo de Aparecida, Dom Orlando Brandes, transferido da Arquidiocese de Londrina (PR).

foram criadas duas comissões para organizar o evento. Uma comissão central e outra denominada comissão organizadora dos eventos e exposições culturais.

O Santuário preparou a celebração de uma novena para a festa. Realizou um concurso de *design* para a confecção de uma nova coroa para a Imagem de Nossa Senhora, cujas vencedoras foram Débora Camisasca e Lena Garrido. Houve a visita da imagem fac-símile a várias dioceses do país e um congresso mariológico de cinco a sete de setembro de 2003.

Houve uma celebração memória no dia sete de setembro, relembrando, com repetição, o gesto da coroação da Imagem, e uma celebração solene no dia 8 de setembro, no Santuário Nacional, com a presença do alto clero do Brasil, autoridades, fiéis, religiosas e muitos sacerdotes. O Cardeal do Rio de Janeiro, Dom Eugênio Sales, representou o Papa João Paulo II. O convite para as festividades foi assinado pelo Arcebispo e pelos Missionários Redentoristas.

No discurso de boas-vindas ao Cardeal Dom Eugênio, o Arcebispo de Aparecida fez esta referência, no dia sete de setembro:

> O que nos reúne nesta tarde do Dia da Pátria, véspera da comemoração do centenário da coroação pontifícia da imagem da Virgem da Conceição Aparecida, é a gra-

ça e a alegria de poder honrá-la e invocá-la com o título de nossa Rainha e Padroeira e de reviver e repetir o memorável e emocionante evento de sua coroação há um século.

Desde os primeiros tempos do cristianismo, especialmente a partir de 431, ano do Concílio de Éfeso, que proclamou a maternidade divina de Maria, estabeleceu-se o costume de representar a bem-aventurada coroada com um diadema real.

O Papa Pio XII, ao instituir, em 1954, a festa de Nossa Senhora Rainha e ao coroar novamente a imagem de Nossa Senhora venerada na Basílica de Santa Maria Maior, em Roma, atribuindo-lhe a designação de Salvação do Povo Romano – *Salus Populi Romani* –, ratificou, convicção existente em todo o mundo católico, que já a invocava com o augusto título de rainha. De fato, a denominação honorífica já lhe era conferida na oração da "Salve-Rainha" e da Ladainha de Nossa Senhora, na qual Maria é invocada várias vezes com o título de rainha.

Maria Santíssima é Rainha porque é Mãe de Jesus Cristo, Senhor e Rei do Universo. O reino mariano não é deste mundo, pois se refere à ordem espiritual da graça e segue a lógica evangélica do serviço de amor à humanidade. Na glória, Maria Santíssima continua materna solicitude em favor de toda a humanidade. Em Maria, mais que em qualquer outra criatura – em razão da absoluta fidelidade ao evangelho de seu divino filho –, reinar significa servir.[11]

[11] Cf. "Edição Especial – Revista de Aparecida, Polianteia das celebrações do centenário da coroação da Imagem de Nossa Senhora Aparecida", Editora Santuário, Aparecida, 2004, p. 45 e 46. Veja também: Zilda Augusta Ribeiro, *Centenário da Coroação – da sempre Rainha Nossa Senhora Aparecida (História e Acontecimentos)*, Editora Santuário, Aparecida, 2004.

A missa solene do dia oito foi presidida pelo enviado do Papa João Paulo II, Cardeal Dom Eugênio Sales. Com presença do Núncio Apostólico, Dom Lorenzo Baldisseri, de sete Cardeais brasileiros, de quase cinquenta bispos e dezenas de padres. O Presidente da República, Luiz Inácio Lula da Silva, foi representado pelo Ministro Patrus Ananias, que fez um profundo discurso, destacando a devoção mariana na história do povo brasileiro. Presença ainda do Presidente da Câmara dos Deputados, Sr. João Paulo Cunha, dos Governadores de São Paulo e do Distrito Federal, Sr. Geraldo Alckmin e Joaquim Roriz. Diversas autoridades civis e militares além de políticos e representantes de entidades civis.

Em 2005, o marco histórico da atuação da Igreja nos meios de comunicação social foi a inauguração da TV Aparecida. Essa realização era um sonho antigo. Na década de 1960, Padre Vítor Coelho sonhara, pensara e colocara em prática o andamento para aquisição de um canal, ainda que fosse para fins educacionais. Buscou aprovação do superior provincial e do Arcebispo de Aparecida. Essas tentativas repetiram-se em 1973 e 1988. Em 1996, a Rede Vida ofereceu um espaço para a Fundação Nossa Senhora Aparecida, em que pudesse ser veiculado programação específica de Aparecida, sobre o santuário e suas atividades religiosas.

Vencidas todas as barreiras burocráticas junto ao Ministério das Comunicações e encaminhado o lado prático para as transmissões, a TV teve sua primeira inauguração dentro das comemorações do centenário da coroação da imagem. Foram quase cinco anos de reuniões, viagens a Brasília, levantamentos e estudos de possibilidades, até que tudo fosse concretizado.

> O dia sete de setembro de 2004 ficará na história da TV Aparecida como a data de sua primeira inauguração. Como testes de antena, que se instalara no morro do Mato Seco, nos dias anteriores, tinham sido feitas emissões experimentais. Das 19 às 21 horas do dia sete, foram ao ar as imagens e os sons da celebração memória do centenário da coroação da Imagem de Nossa Senhora Aparecida. Era uma emissão conjunta da TV Aparecida e da Rede Vida, um programa de criação e produção da TV Aparecida e direção final da Rede Vida.
>
> A Praça de Nossa Senhora Aparecida, diante da Basílica Velha, tinha sido o lugar da grandiosa Coroação no dia oito de setembro de 1904. O mesmo local serviu de estúdio e auditório para o primeiro programa lançado ao ar pela TV para, com toda a grandiosidade, fazer memória da proclamação de sua Senhora e proprietária como Rainha do Povo Brasileiro. Estavam presentes o Sr. cardeal Dom Eugênio Sales, na qualidade de enviado especial do Papa João Paulo II, Dom Lorenzo Baldisseri, Núncio Apostólico no Brasil, o Sr. Cardeal Dom Geraldo Majela Agnelo, Presidente da CNBB, Dom Raymundo Damasceno Assis, Arcebispo de Aparecida, e outros membros do clero, além de autoridades civis, ilustres convidados e uma multidão de aparecidenses e romeiros. Nascia com grandio-

> sidade a TV Aparecida. Cerca de 300 mil habitantes das cidades de Aparecida, Guaratinguetá, Lorena, Potim e Roseira puderam ver os primeiros sinais da TV 59-E UHF. No dia seguinte, mais uma vez junto com a Rede Vida, a TV Aparecida transmitiu a Missa Solene da Coroação, celebrada no Santuário Nacional.
>
> Foi uma experiência gratificante estar no ar, mesmo quando a TV Aparecida ainda não possuía seus estúdios, nem o conjunto de seus equipamentos. Ela reforçou o ânimo de todos os que estavam empenhados em tocar o projeto de instalação e de todos os que começavam a envolver-se com a produção para a emissora.[12]

Um ano depois, no dia oito de setembro de 2005, era inaugurada oficialmente a TV Aparecida. O Jornal Santuário de Aparecida trazia a manchete: "Evangelizar sobre os telhados". Inaugurou-se nesse dia a tão sonhada e esperada TV Aparecida. Com a TV, ganharam os devotos, fiéis católicos espalhados por este imenso Brasil, que teriam mais essa oportunidade para servir-se de programas que saúdam a dignidade da pessoa humana como cidadãos e filhos de Deus. Em mensagem no Jornal Santuário de Aparecida, Dom Raymundo afirmou:

> O Santuário Nacional, sempre em sintonia com a Igreja, há muito tempo tem utilizado o rádio, a imprensa, a internet para evangelizar. Agora chegou a vez da televisão.

---

[12] Víctor Hugo S. Lapenta, *A TV de Nossa Senhora Aparecida – uma breve história*, Editora Santuário, Aparecida, 2005, p. 61-62.

> Graças à iniciativa, à coragem e ao trabalho dos Missionários Redentoristas, do Cardeal Dom Aloísio Lorscheider, e à colaboração do Ministério das Comunicações, à parceria com a Rede Vida, cujo sinal estamos utilizando para a programação da TV Aparecida, e ao trabalho abnegado de tantas pessoas e, sobretudo, à colaboração generosa dos devotos da Mãe Aparecida, o Santuário Nacional tem a satisfação de oferecer mais esse meio de comunicação a serviço da evangelização.[13]

A festa de inauguração começou com uma missa no Santuário Nacional, presidida pelo Arcebispo Dom Raymundo Damasceno. Outros Bispos concelebraram, além do Provincial Redentorista, Padre Luís Rodrigues, o reitor do Santuário, Padre Joércio Gonçalves, e do diretor da Rádio Aparecida, Padre César Moreira.[14] Das autoridades, havia representante da Presidência da República, o Sr. Silvio dos Santos, do Vice-Governador do Estado de São Paulo, Sr. Cláudio Lembo, Sr. Prefeito Municipal e demais autoridades convidadas.

---

[13] Cf. Jornal "Santuário de Aparecida", edição de 10 a 16 de setembro de 2005. No ARSP. Não queremos destacar um ou outro nome, ainda mais sendo o autor Redentorista, poderia dizer que estaria "puxando sardinha para a própria brasa". Dois nomes merecem destaque na criação da TV Aparecida: Padre César Moreira e Dom Darci Nicioli. Os dois, cada um a seu modo, seus encargos e sua capacidade em lidar com a comunicação e com a administração, puderam fazer "aparecer" a Rede Aparecida de Comunicação.

[14] A Primeira Equipe de Comunicação, naquele ano de inauguração, era composta pelo Padre Darci Nicioli, administrador do Santuário; Padre César Moreira, diretor-geral da Rede Aparecida de Comunicação; Padre Rodolfo Croon, diretor técnico; Padre Evaldo César, diretor de produção; Padre Josafá de Moraes, diretor de programação; Padre Luiz Cláudio Macedo, diretor administrativo.

Depois da missa, todos se dirigiram ao prédio da Rádio e TV Aparecida. Dom Eugênio abençoou a capela construída à entrada do prédio e dedicada a Nossa Senhora Aparecida. A Imagem de Nossa Senhora foi entronizada na emissora pelas mãos de Maria Helena Chartuni, responsável pela restauração da Imagem em 1978. Autoridades fizeram uso da palavra enaltecendo o momento histórico que estavam vivenciando. A emissora começava com sessenta funcionários entre técnica e produção. Havia assinado contrato para a compra de três horas diárias da Rede Vida e com a Rede de TV Sesc/Senac. No jornalismo eram quatro equipes coordenadas pelo jornalista Eduardo Miranda, além de uma parceria com a Agência de Notícias Internacional *Reuters* e correspondentes em São Paulo e Brasília. A Rede Aparecida de comunicação se firmou e ganhou a simpatia do povo, seja nas cidades do interior como nas capitais.

Para maior expansão da devoção de Nossa Senhora Aparecida, os Redentoristas lançaram, em 2006, a Bíblia de Aparecida, tradução de um único perito, Padre José Raimundo Vidigal, como uma forma de divulgação da Palavra de Deus pelo meio de comunicação impresso. Em abril de 2010, em parceria com a Província Redentorista de São Paulo, o Santuário Nacional iniciava o portal www.A12.com. No dia oito de setembro de 2012, para comemorar a data, com os aniversários da Rádio e TV Aparecida, o site passou por um novo *layout* e houve uma reinauguração.

Dom Geraldo Maria de Moraes Penido, arcebispo de Aparecida de 1982 a 1995
(ARSP - Arquivo Redentorista de São Paulo)

Cardeal Aloísio Lorscheider, arcebispo de Aparecida de 1995 a 2004
(ARSP - Arquivo Redentorista de São Paulo)

Visita do Papa João Paulo II a Aparecida, em 1980
(CDM Santuário Nacional)

Congresso Eucarístico Nacional, realizado em Aparecida, em 1985
(CDM Santuário Nacional)

XV

V Conferência Geral do Episcopado Latino-Americano e Caribenho: dois Papas em Aparecida

Em 2007, um fato marcou a caminhada da Igreja na América Latina. A realização da V Conferência do Episcopado Latino-Americano e Caribenho. A primeira Conferência foi no Rio de Janeiro, em 1955. Depois de Medellín (1968), Puebla (1979) e Santo Domingo (1992), já havia mais de dez anos que o Celam não realizava a sua Conferência. Por vontade expressa do Papa Bento XVI, a cidade de Aparecida foi escolhida para realizar esse evento importante para a Igreja. Quando falamos em dois Papas, queremos dizer a presença de Bento XVI como Papa e o futuro Papa Francisco, que era Cardeal Arcebispo de Buenos Aires.

Para recepcionar o Papa Bento XVI e os 266 delegados da V Conferência Geral do Celam, a Secretaria Executiva para a realização da Conferência estava organizada em várias comissões. Sob a responsabilidade do Padre Redentorista José Luiz Majella Delgado, as comissões envolviam 150 voluntários, divididos em: saúde, transporte, acolhida, segurança interna e segurança externa, infraestrutura, finanças, apoio geral, comunicação, tradução, secretaria de suporte, liturgia, impressões gráficas, visitas às paróquias e cultural artística. A V Conferência aconteceu de 13 a 31 de maio de 2007.

O Papa Bento XVI desembarcou em São Paulo e, na ocasião, canonizou o primeiro santo nascido no Brasil – por sinal em Guaratinguetá –, o franciscano Antônio de Sant'Ana Galvão. Depois o Papa esteve em Aparecida para a abertura da Conferência. O tema da Conferência foi: Discípulos e Missionários de Cristo, para que nele nossos povos tenham a vida – "Eu sou o Caminho, a Verdade e a Vida (Jo 14,6)". Em editorial do Jornal Santuário de Aparecida, com o título "A Igreja em revisão", Padre César Moreira comentou o seguinte:

> Como se pode notar, pois, mais do que o entusiasmo em acolher o Papa Bento XVI e em desejar receber sua bênção, resta de sua visita um árduo trabalho de renovação da Igreja Católica no Brasil e em todo o continente latino-americano. Responsáveis primeiros são

> os bispos reunidos na V Conferência – e que passará a ser conhecida como a Conferência de Aparecida –, aos quais cabe dar as grandes orientações com sabedoria e conhecimento da realidade dos nossos povos.[1]

Realmente, depois de concluída a Assembleia, do documento redigido e aprovado por Roma, a designação sobre o resultado foi "Documento de Aparecida". Dois fatos merecem serem destacados nesta V Conferência. O Papa Bento XVI, durante sua estada em Aparecida, quando rezava o terço no altar central da Basílica, presenteou o Santuário como uma Rosa de Ouro. Foi a segunda vez, pois Paulo VI havia conferido essa deferência em 1967, na ocasião dos 250 anos do encontro da Imagem. O presente de Bento XVI foi colocado na *Domus Aurea*, um local específico do Museu do Santuário, na Torre da basílica. Outro fato foi a participação do Cardeal Jorge Mario Bergoglio, de Buenos Aires, na V Conferência. Ele se hospedou num hotel na Rua Monte Carmelo e fez parte da comissão de redação do documento de Aparecida. Em 2013, ele foi escolhido para substituir o Papa Bento XVI.

O Santuário de Aparecida é o local também da reunião dos Bispos do Brasil em Assembleia anual. Depois de criada a CNBB, houve duas Assembleias

---

[1] Cf. Jornal "Santuário de Aparecida", edição de 5 a 11 de maio de 2007. No ARSP. A Editora Santuário fez publicar uma edição especial, com fotos e flashes da V Conferência, em 8 de junho de 2007.

em Aparecida, em 1954 e em 1967. A partir de 2011, a Conferência tem realizado a sua Assembleia anual nas dependências do Santuário. Usam-se o amplo salão no subsolo do Santuário e o Centro de Eventos Padre Vítor Coelho de Almeida.

O mundo foi surpreendido com a renúncia de Bento XVI em fevereiro de 2013. Um dos motivos alegados pelo Papa seria a Jornada Mundial da Juventude, no Rio de Janeiro, em julho daquele ano. Ele sentia que não tinha força física para participar com o ardor que a juventude requeria. Depois de eleito, o Cardeal Bergoglio assumiu o pontificado com o nome de Francisco. O primeiro compromisso internacional na agenda do Papa era a Jornada Mundial da Juventude no Rio de Janeiro, de 23 a 28 de julho. O Papa Francisco desembarcou no Rio de Janeiro no dia 22 e no dia 24 esteve em Aparecida, cumprindo um desejo próprio seu. Era o terceiro Papa a visitar o Santuário e rezar diante da Imagem de Nossa Senhora Aparecida. Diante de duzentos mil fiéis, o Papa lembrou a V Conferência.

> "A Conferência foi um grande momento de vida da Igreja. E, de fato, pode-se dizer que o Documento de Aparecida nasceu justamente desse encontro entre os trabalhos dos pastores e a fé simples dos romeiros, sob a proteção maternal de Maria. A Igreja, quando busca

Cristo, recorre sempre à casa da Mãe e pede: 'Mostrai-nos Jesus'. É de Maria que aprende o verdadeiro discipulado.'[2]

Era visível a alegria do Papa durante as horas que permaneceu em Aparecida. Ele foi até a Capela dos Apóstolos para um momento de veneração da Imagem. Celebrou a missa para umas quinze mil pessoas que estavam dentro do Santuário. Ao final, ele foi à Tribuna Bento XVI e fez a Consagração a Deus por intercessão de Nossa Senhora. Carregou nos braços a imagem que ganhou do Santuário, uma fac-símile, esculpida em madeira. Deu a bênção a todos os fiéis que se encontravam no pátio e prometeu voltar em 2017, para os festejos do tricentenário.[3]

---

[2] Cf. José O. Beozzo, "Aparecida: casa da Mãe de Deus e do povo brasileiro", in: Concilium/365, Vozes, Petrópolis, 2016, p. 127-134.

[3] Cf. Jornal "Santuário de Aparecida", edição de 4 de agosto de 2013. No ARSP. Em audiência no Vaticano, recebendo a Presidência da CNBB, em outubro de 2016, o Papa Francisco disse que não seria possível vir ao Brasil em 2017. Devido ao Ano Jubilar da Misericórdia, ele havia cancelado a visita *ad limina* de diversas Conferências Episcopais do mundo. Em 2017, precisa retomar a normatividade de seus trabalhos.

Cardeal Raymundo Damasceno Assis, arcebispo de Aparecida entre 2004 e 2016
(Reprodução)

Papa Bento XVI na abertura da V Conferência do Episcopado da América Latina e Caribe, em Aparecida, em 2007
(Foto: Flavia Gabriela | CDM Santuário Nacional)

Visita do Papa Bento XVI a Aparecida, em 2007
(Foto: Daniele Souza | CDM Santuário Nacional)

Cardeal Bergolio, então arcebispo de Buenos Aires, futuro Papa Francisco, durante a V Conferência do CELAM, em Aparecida, em 2007
(Foto: Daniele Souza | CDM Santuário Nacional)

Visita do Papa Francisco a Aparecida, em 2013
(Foto: Thiago Leon | CDM Santuário Nacional)

Conclusão

Ao encerrar essa trajetória histórica, podemos constatar a origem e o progresso das romarias e da devoção mariana do povo para com Nossa Senhora Aparecida. Era nossa intenção não adentrar no aspecto sociológico das romarias, mas não podíamos perder de vista o aspecto religioso. O catolicismo popular no Brasil é responsável pelos grandes centros de devoção e romarias, ocasionando os santuários, como o de Aparecida.[1] O Jornal Santuário de Aparecida, no ano de 1968, procurou levar aos leitores uma vasta

[1] Cf. Riolando Azzi, "As romarias no Brasil", in: Revista de Cultura Vozes/73 (1979), p. 39-54.

informação sobre o sentido das romarias, santuários, devoção mariana, destacando a devoção a Nossa Senhora Aparecida.[2] O próprio Jornal, por mais de cem anos, foi um dos maiores meios de difusão do culto e divulgação da devoção para com Nossa Senhora.

A história da imagem é muito peculiar. Procuramos fazer um apanhado, seja da arte, isto é, do artista que a moldou como da sua origem. Impossível saber como a imagem foi parar no fundo do Rio Paraíba do Sul. Interessante que os pescadores - pobres pescadores - estavam buscando peixes para a mesa do Governador. Não foram os grandes, as autoridades constituídas nem o clero os agraciados com o encontro milagroso da Imagem. Primeiro o corpo, depois a cabeça e, logo em seguida, a abundância de peixes.

Nesses trezentos anos, o Brasil viveu transformações profundas. Em 1717, o país estava no sistema colonial sob a coroa de Portugal. A descoberta de ouro na região das Minas Gerais mudou a economia, a concentração populacional e fez com que as autoridades buscassem um controle maior para a região. O Vale do Paraíba era caminho, passagem dos aventureiros que iam em busca do ouro e dos que voltavam com ou

[2] Cf. Padre Renato de Francisco, Jornal Santuário de Aparecida, ano de 1968, várias edições. No ARSP.

sem ele, mas que fez surgir entrepostos, dando origem a lugarejos, vilas e cidades.

Por outro lado, a Igreja vivia sob o regime de Padroado – concessão ou direito –, e a presença dos elementos consagrados estava reduzida à faixa litorânea do Brasil. A decadência das Ordens e Congregações no século XIX, a reforma romanizadora e a necessidade em povoar os conventos fizeram com que a Igreja renascesse praticamente do que havia permanecido sob a responsabilidade dos leigos. Com interesses nos bens da Igreja e nas ofertas em locais de culto, após a separação da Igreja e Estado, em 1890, o Bispo de São Paulo pôde administrar e confiar o Santuário de Aparecida a uma Congregação Religiosa.

Com a proclamação da capela da santa em Santuário Episcopal e, logo em seguida, a chegada dos Redentoristas, o culto mariano foi incrementado, e os devotos e peregrinos passaram, ano a ano, a aumentar com as romarias em Aparecida. O local, como foi dito, geograficamente estratégico, teve maior fluxo quando, em 1877, foi inaugurada a linha férrea com estação em Aparecida. Era a linha que depois se chamou Central do Brasil, que, em Aparecida, era dita do Norte, e com isso caiu na "boca do povo", Nossa Senhora de Aparecida do Norte. Posteriormente, com a construção da rodovia Presidente

Dutra, o número de romeiros aumentou, devido às facilidades de transportes e locomoção. A cidade está em um ponto que facilita o acesso no contexto de três Estados do Sudeste, concentrando 40% da população brasileira: São Paulo, Rio de Janeiro e Minas Gerais.

No século XX, o progresso em torno do culto ganhou dimensões nacionais: a coroação em 1904, a proclamação pública como Padroeira em 1931, a celebração dos 250 anos em 1967. A construção de uma nova basílica iniciada na década de 1950, uma passarela ligando o centro histórico à nova igreja e as facilidades mencionadas como locomoção, comunicação e participação nas romarias. Os meios de comunicação, desde o Jornal até a TV, passando pela Rádio Aparecida, portal A12, Revista de Aparecida, somaram-se aos progressos estruturais empreendidos no Santuário.

A teologia, de modo especial depois do Concílio Vaticano II, procurou dar uma interpretação libertadora para o fato histórico do encontro da Imagem de Nossa Senhora Aparecida. O próprio fato de a Imagem ter enegrecido, devido ao tempo que ficou no fundo do rio e a fumaça das velas nos oratórios por onde esteve, ajudou a fazer uma interpretação contra o sistema escravista que existiu no Brasil por mais de trezentos anos.

> "Mesmo com a vigência da escravidão no Brasil no século XVIII, este sinal da Virgem foi interpretado por muitos como indicador da não aprovação de Maria à escravidão em nosso país. Mais uma vez, o povo lia os sinais de Maria como exigência de libertação, mesmo que essa leitura não fosse a mais corrente na época".[3]

O fato é que, ao longo desses trezentos anos, muito se falou e publicou sobre Nossa Senhora Aparecida. O culto mariano no Brasil é rico de histórias e fecundo na vida do povo.[4] A arte em torno do sagrado, desde os trabalhos do Irmão Bento Hiebl na basílica velha e o conjunto artístico de Cláudio Pastro na basílica nova, revelam-nos a beleza do mistério divino em nosso meio. A devoção a Nossa Senhora Aparecida é uma história fantástica do ponto de vista histórico e teológico. Somados a esses dois pilares da construção do culto o desenvolvimento das romarias, a construção das igrejas – duas basílicas – meios de comunicação, todo um complexo num espaço que se tornou sagrado para venerar a pequena Imagem da Senhora da Conceição Aparecida.

O hino do XI Congresso Eucarístico Nacional realizado em Aparecida, em 1985, dizia o seguinte: "Nesta curva

---

[3] Ivone Gebara e Maria C. Bingemer, *Maria, Mãe de Deus e Mãe dos Pobres: um ensaio a partir da mulher e da América Latina*, Editora Vozes, Petrópolis, 2ª 1988, p. 181.

[4] Cf. Manuel Quitério de Azevedo, *O culto a Maria no Brasil – história e teologia*, Editora Santuário, Aparecida, 2001.

do rio tão mansa, onde o pobre seu pão foi buscar, o Brasil encontrou a esperança: esta Mãe que por nós vem rezar!". Não podemos perder o fio condutor desta história que começa com um fato milagroso: junto da Imagem, os peixes; pescam a Imagem, os pobres. O peixe é o símbolo do cristianismo primitivo, na época das grandes perseguições do Império Romano. Ele nos revela Jesus, a Eucaristia. O pobre é o sujeito por excelência do mistério revelado: Deus se fez pobre em Jesus Cristo! Jesus Cristo não fez opção pelos pobres, os escolhidos de Deus, ele foi pobre. Terminamos citando o Documento de Aparecida, resultado da V Conferência Geral do Episcopado Latino-Americano e Caribenho (Celam), em que os Bispos foram evangelizados pelos peregrinos devotos de Nossa Senhora Aparecida:

> Sentimo-nos acompanhados pela oração de nosso povo católico, representado visivelmente pela companhia do Pastor e dos fiéis da Igreja de Deus em Aparecida, e pela multidão de peregrinos de todo o Brasil e de outros países da América ao Santuário, que nos edificaram e evangelizaram. Agora, desde Aparecida, convida-nos a lançar as redes ao mundo, para tirar do anonimato aqueles que estão submersos no esquecimento e aproximá-los da luz da fé. Ela, reunindo os filhos, integra nossos povos ao redor de Jesus Cristo. (Doc. de Aparecida, nº 3 e 265).[5]

[5] Cf. *Documento de Aparecida – Texto conclusivo da V Conferência Geral do Episcopado Latino-Americano e do Caribe,* São Paulo, Paulinas/Paulus/Edições CNBB, 2ª edição, 2007. Veja também os números: 259, 260, 264, 268, 269 e 537.

Índice

FSC
www.fsc.org
MISTO
Papel produzido a partir de fontes responsáveis
FSC® C132240

A marca FSC® é a garantia de que a madeira utilizada na fabricação do papel deste livro provém de florestas que foram gerenciadas de maneira ambientalmente correta, socialmente justa e economicamente viável.

Este livro foi composto com as famílias tipográficas Calibri, Minion Pro e Sabon e impresso em papel Offset 70g/m² pela **Gráfica Santuário.**